家族と厄災

信田さよ子

まえがき

本書は二〇二〇年のパンデミックの緊急事態宣言下の混乱を背景にして生まれた。何か着地点が見えていたわけではない。でもあの不安と混迷の中で何か書かなければならない、そう思っていた。

大地が揺れるわけでもなく、荒れ狂う海に呑まれたわけでもない。ただ正体不明の未知のウイルスによる感染が拡大し、世界を、そして日本を巻き込んでいった。今から思えば、あれは幕開けに過ぎなかったのだが、新型コロナウイルスによるパンデミックが家族にどんな影響を与えるのだろうという視点だけはずっと変わらなかった。

本書のベースとなるウェブ連載を始めてからも、状況は予測を超える変化を見せ、あれほど毎日の報道をくいいるように眺めたことはなかったと思う。

感染は明らかに人とのつながりを媒介とするために、会話や食事など、飛沫が届く距離での接触こそ避けなければならないとされた。密室を避ける、人と出会い集うことを避けるという、「三密回避」「ディスタンス」が叫ばれたのである。

世界の歴史を見ると、疫病の蔓延は周期的に訪れている。東大寺の大仏の建立の理由のひとつに疫病流行があったことはよく知られているし、ルキノ・ヴィスコンティ監督の映画『ベニスに死す』（一九七一年）はコレラに感染した主人公が亡くなることがタイトルに反映されている。

新型コロナ感染症は、その三年後、二〇二三年の五月八日にインフルエンザ同様の5類に移行した。二〇二〇年の緊急事態宣言下、本書の企画がスタートしたのだから、三年後の実質上の転換期のころに単行本化の作業をしていることになる。

私は社会政策の専門家ではないが、この国はあらゆる政策の下支えを家族に求めてきたことをカウンセリングをとおして実感している。その家族をさらに下支えしてきたのが女性たち（祖母・母・妻・娘）であることは言うまでもない。二〇一一年に起きた東日本大震災を思い出す。三月一一日の直後からあらゆるメディアをとおして「絆」が叫ばれたこと、それも横軸の夫婦ではなく、縦軸の親子の絆が中心だったことを忘れることはできない。

日本の福祉の不備を「家族の絆」や「家族愛」といった言葉がカバーしていることは、

精神科医療や子どもの発達障害をめぐる状況を見ても明らかだ。子どもに何か問題が起きれば、父と母のどちらが仕事を犠牲にするか。家族の支えが必要と語る援助者は、家族＝母を前提としていたりする。後は家族がなんとかする、なんとかすべきという押しつけは、東日本大震災という「厄災」を経て、むしろ強まっている気がする。

たとえば少子化問題を見てみよう。少子化傾向が止まらず、このままだと日本の人口は減少の一途をたどると危機感を持って報道され続けている。首相は二〇二三年三月末には、「異次元の少子化対策」を打ち出す、と宣言した。

もう二〇年以上前から人口動態や出生率に関する統計から、日本は少子化対策に本腰を入れないと大変なことになると言われ続けてきた。警鐘が鳴らされ続けてきたにもかかわらず、保育園は増えず、シングルマザーの貧困化は歯止めが利かず、男性の育休取得率は上がらず、夫婦別姓は遠のき、ジェンダー平等達成は見通しが立っていない……。

少子化対策は女性対策であることをわかっているのだろうか。女性が生きていくうえでの障壁をなくすことに対して冷酷ともいえる無策ぶりを発揮し、状況を放置しつつ、いっぽうで子どもの数を増やしたいために、婚活支援をして未婚男性を減らすための目先の対策に予算を使う。物価高で、給与は上がらず、円安は進行しているのに、結婚して子どもを産むなんて無理と思う女性は多いだろう。

さまざまな問題をすべて家族というブラックボックスに放り込むことで、政策的には何も進展させてこなかった。そのつけが出生率の低下に表れているのではないか。もっと過激なことを言えば、それは「女性たちの復讐」ではないか、そう思えるのだ。

ＷＨＯによるパンデミック宣言後、各国でロックダウンが実施された。人気《ひとけ》の絶えた街の光景はパリもベニスも日本とそれほど変わらなかったが、テレビのニュースで、閑散としたルーブル美術館脇の並木道を歩いている人が、馬に乗った警官から注意を受けているのを見て驚いた。国家権力によって在宅することを明確に強制されていたからだ。やんわりと家族に、そして「世間」という同調圧力にまかせて、決して強制しなかった日本との違いを見た思いだった。

東京都心でも車の数は少なく、見上げた空は、帰省で人々が街からいなくなった正月三が日のように澄んだ色をしていた。ゴーストタウン化した繁華街は、東日本大震災が起きた翌日の原宿の街のようだった。

コロナ禍で家族に何が起きたか。今に至るまで不可視な部分は多いが、どの国においても、それほど変わりはなかったのではないか。あの人気の途絶えた街角の光景は、強制かどうかにかかわらず人々が家庭に閉じ込められたことを意味していたからだ。

マスクは家庭内に一歩入ったとたん、玄関で外すことができた。飛沫を飛ばして食事をしてもとがめられることはなく、夫婦であれば性的接触はあたり前のことだった。これほど私的空間が例外的扱いを受けたことはなかったのではないか。街に出ることを禁じられて家の中（私的空間）に閉じ込められる。家族全員が顔を合わせて暮らす時間には、あらゆる社会的規制が及ばなかった。飲食店などに課されたような徹底的な感染症対策や監視から自由だったのが家族だった。その結果として、日本でもヨーロッパでも家庭内で閉塞感が高まり、ＤＶ相談件数は激増した。

家族の暴言・暴力の増加に加えて、一日中家族全員が在宅することで生じる新たなケア役割を誰が担うかが問題となった。結果的に多くの家庭では中高年女性にそれが集中し、一部は自死にまで追いつめられた。逃げ場のない状況の中で自死を選ぶ一〇代の女性たちも増えた。

新型コロナ感染症がインフルエンザと同じ分類になれば、人々はコロナ収束を実感し、久しぶりの旅行やイベントに繰り出すだろう。バラや藤の花が咲き誇る五月の陽光のもと、あんな苦しかったことは忘れたい、もう忘れてしまった、人々のそんな思いが募るだろう。しかし「過去のことになった」「思い出したくもない」という空気が高まるころから、皮肉にも、コロナ禍が様々な分野に与えた影響が明らかになるのではないか。

先日、東京の青山をタクシーで走ったが、きらびやかなガラス張りのブランドショップがいくつも閉店していたのに驚いた。日本で一番おしゃれなエリアがところどころ綻びている光景は、コロナ禍の無残な爪痕に思えた。

パンデミックが子どもたちの成長に与えた影響、経済に与えた影響についての調査・研究は今後始まるだろう。しかし家族へのそれはどうだろう。この間で事態に慣れ切ってしまったかのような人たちは、もうなんでもない、トラウマ的影響なんかあるはずもない、そう考えるのではないか。

第二次世界大戦の長期的影響を、「戦争と文化的トラウマ」という視点から研究した成果が書籍化された（竹島正・森茂起・中村江里編『戦争と文化的トラウマ』日本評論社、二〇二三）。そこには戦争体験がトラウマとしてどれほど長期にわたって影響を与えつづけるかについて、多方面から論じられている。

歴史的視点からトラウマを考えるそれらの本を読むたびに、過去を忘れ前向きになりたいというベクトルには、それと正反対の方向へと私たちを引き戻す力が働いていることがわかる。――つまり過去を忘れようとすればするほど、過去の記憶はよみがえり、私たちをつかみ、まだ終わってなどいないとばかりに引きずり戻してしまうのだ。この国では「水に流す」「いつまでも過去にこだわるな」という言葉が賞賛されるが、それは積極的に忘却を試みることで無感覚になってしまうことを意味するのではないだろうか。それはトラウマからの解放ではない。ずっと「あの時」のままに過去がなまなましく生き続けるとき、それに蓋をしようとすればするほど現在の私たちは有形無形に苦しめられる。だからこそ、痛みを抱え続けている人が過去と向き合い、経験を自分なりにとらえなおそうとするプロセスに、私は希望を見る。

これまでの私の著書と同じく、本書も家族が大きなテーマになっている。書きながら考え、考えながら書く。このスタイルも同じだ。

しかし今回ほど、書きながら状況が変化し想定外の事態が出現したことはなかった。デルタ株、オミクロン株の流行、それに伴うワクチン接種奨励といった変遷に加えて、二〇二二年二月にはロシアがウクライナに侵攻を開始したのだった。キエフが突然キーウと呼ばれ始め、ウクライナの歴史を改めて振り返る人も増加した。戦闘のニュースに胸を痛めながら連載中、原稿を書いたことをおぼえている。世界規模の変動と、家族というプライベートな場に生じる変化が、私の中で輻輳し、呼応していた。

本書に登場するのは全員女性である。そして、登場する人物は、私が出会った多くの人たちから造形しなおした、実在しない人物であることを最初にお断りしておく。このような定型的な前置きを書くことはあまり好みではないが、私たちの職業倫理上不可欠な前提なので、この点を強調しておく。私個人としては、むしろお読みになって「これって私かも」と思う人が多いことを願っている。私は、何かを変えたい、変えなければ苦しくて生きていけないと訴えてカウンセリングにやってきた女性たちのことを、いつも念頭に置いていた。コロナ禍は彼女たちの変化を加速させた。空気圧が倍になるように、家族関係において溜まったものが濃縮・凝縮されて噴出したかのようだった。

その変化の波が押し寄せた時、彼女たちは正面からそれに向かっていった。もともと逃げ道などなかったからかもしれないが。そうして、彼女たちはちゃんと生き延びていったのである。そのことに、私は胸が熱くなった。

コロナ禍という厄災が家族に何をもたらしたか。どのような変化を与えたのか。今後、新たな困難、混乱に見舞われた時、家族はどんな方向に向かっていくのか。

それらの問いに答えようとした一冊として、本書がずっと読まれつづけることを願っている。

家族と厄災　目次

第8章 私の体と母の体

第9章 語りつづけることの意味

第10章 むき出しのまま社会と対峙する時代

第11章 慣性の法則と変化の相克――一蓮托生を強いられる家族

・本書は、生きのびるブックスのウェブマガジンにおける連載（二〇二〇年一〇月～二〇二二年一二月）に加筆修正をほどこし、書下ろしを加えたものである。まえがき、あとがきは、二〇二三年五月執筆。
・各章末に記載した年月表示は、連載執筆時を示す。
・文中に記載された名称、資料データなどは、執筆時点のものである。

家族と厄災

信田さよ子

第1章 KSという暗号

カウンセラーを査定する

コロナ禍にあってカウンセラーとして思うことを、いくつか文章にしてきた。二〇二〇年四月から五月にかけて緊急事態宣言が発出されたが、解除後も、感染状況は好転せず長期化の様相を見せている。そんななかで本稿の執筆を始めることになった。さていったい何をテーマにしようかと思い惑っていたが、今の段階で考えていることをとりあえず具体的に書こうと決めた。

コロナによってもたらされるものがあるとすれば、新しい何かというより、これまですでに起きていた、芽吹いていた変化の加速化ではないかと思う。家族にあてはめればよくわかる。顔を合わせないようにして先延ばしにし、猶予期間をつくってきたことが喫緊の問題として立ちあらわれる。早晩来るはずだった限界が訪れるのだ。そんな状況にあるひとりの女性の姿を描写することから始めたいと思う。

五〇代後半のくにさんは、四月から足の痛みがひどくなったので杖をつきながら通常の倍の時間を掛けてカウンセリングにやってくる。大きな病院で診てもらったが、骨や筋肉には異常がなかったという。

精神科への長い通院歴のあるくにさんは、九〇年代初頭、子どもを虐待してしまう親のグループカウンセリングに参加していた。まだ世の中では「虐待」の二文字など存在しないと思われていたころだ。一九九〇年に大阪と東京で相次ぎ虐待防止の専門家団体が誕生した影響を受けて、先駆的試みとしてスタートしたものである。約一年間続いたそのグループには、わが子への深刻な虐待をなんとかやめたいという一〇人前後の女性が参加していた。彼女たちのほとんどが、自分も親からさまざまな虐待を受けていたことを、グループをとおして自覚するようになったのである。

くにさんは、三〇年近くの紆余曲折を経て、現在、親の所有するアパートの管理で生計を立てている。近所のスーパーでレジの仕事に就く三五歳の娘とふたり暮らしをしている。

くにさんは、いつもギラギラとした目をして一冊のノートを片手にカウンセリングの部屋に入ってくる。開始が三分でも遅れると、時計を見ながら冒頭で「終わりは〇〇分ですよね」と言う。私は、「はい、三分遅れましたので終了は〇〇分です」と答える。

カウンセリングの途中で「そのことは三回前に話したはずですよ、覚えてないんですか」と指摘されることもしょっちゅうである。私はあわてて記録を読み返して「そうでした、すみません忘れてました」と謝る。

五年ほどのつきあいだが、目の前に座るカウンセラーを厳しく査定し点検することが目的でやってくるのではないか、と思うこともある。専門家と非専門家、援助者と被援助者、治療者と患者、カウンセラーとクライエント、さまざまな呼び方があるが、毎回この二者の関係性について考えさせられる。臨床心理学には流派があり、くにさんのような言動を私とはまったく別に解釈する専門家もいるだろうが、私には次のような確信があった。

くにさんには、長年意識の底にしまいこんだ記憶があった。グループに参加することがきっかけとなり、三〇年かけてそれを少しずつ思い出し、言葉にできるようになった。それは彼女の心身に深く影響を与えていたのだが、それを自覚できたのも近年のことだ。親から虐待された経験を否認せずに、日々苦しみながらも彼女がそれと共に生きていることを承認する数少ない存在のひとりが私であり、ふたりのあいだでそれが了解されているという確信である。

不穏な母

くにさんが小学校三年のときのことだ。夕方テレビを見ていたら、いつものように母親が台所で騒ぎだした。母は午前中は寝込んでいて、夕闇が迫るころから活動し始める。父が帰る前にはいちおう食事だけはつくるのだが、ガスの炎、野菜を切る包丁が母を不穏にするのだった。調理しながら近所の人の悪口や、遠い昔に馬に蹴り上げられた経験などを語り始めると、止まらなくなる。同じ言葉を繰り返しながらだんだん声が高くなる。「誰やあんた？　いっつもそこで見とるんやろ」「バカにせんといて」

東北生まれの母なのだが、なぜか関西弁を使い、誰もいない空間に向かって毒づくのだ。冷蔵庫のドアをバーンと閉めたり、キャベツを蹴ったりするうちはいいが、怒声を上げ始めると、手に負えない。そんなときは、すかさず「かあちゃん、手伝おうか」と、くにさんが駆け寄るのだ。

即座に行動をとれるよう、くにさんはずっと聞き耳を立てて緊張していなければならないのだった。

その日は様子が違った。弟が学校帰りに交通事故に巻き込まれたのだ。母は聴取のため警察に出向いていた。戻ってくるなり、たぶん疲れ果てていたのだろう、母は事故車の運転手から商店街の目撃者、警察官までがグルになって自分を苦しめていると繰り返し、被害者である弟までもその仕組みに加担していたに違いないと主張した。くにさんはいつも嵐が過ぎるまでうなずいたり聞いてあげなければと思っているのだが、転んで肘に怪我をした弟のことを思うと、口をはさまずにいられなかった。

「ゆうちゃんは怪我したんだよ、とっても痛かったんだよ」

それを聞いたとたん、母は無言でくにさんの首に両手をかけた。

呼吸が苦しくて言葉も発することができないくにさんは、ひたすら母の目を見た。その目にはくにさんの顔は映ってはいなかった。ただただ怒りだけが底なしの穴の中で渦巻いているのだった。母の見ている世界に私などいない、この人は自分しか見ていない、こう直観したところで記憶は途切れている。

いつも誰かを背負って生きる

ここまでを思いだすのにどれほどの時間がかかっただろう。

出産後、くにさんは、日々成長していく娘がかわいいと思ういっぽうで、なぜか無性に腹立たしくなるのだった。そんな自分は母親失格だと思った矢先、夫が急死した。不安定になったくにさんは、初めて精神科を受診したのだった。娘とのことを思い切って話したら、医師は黙って聞いてくれた後で、保健所の育児相談に行くように勧めた。それがきっかけとなり、冒頭で述べたグループにつながった。

ほどなくして、弟が通院していた精神科の処方薬を大量に飲んで亡くなった。大きな支えだった夫ばかりか弟までも失ったくにさんは、グループで「世界でいちばんかわいそうでみじめな自分」をわかってもらいたいと願った。このままでは娘を傷つけてしまうかもしれないと恐れてもいた。しかしそれは根を張った苦悩の木のほんの一部に過ぎなかったのだ。

グループのメンバーは子どもへの虐待を止められず自分を責めていたが、いっぽうで自分の親から受けた虐待についても語った。それを聞いていると、次々と不調のスイッチが入っていくようだった。解放されるとか、謎が解けたといったプラスの経験ではなく、メンバーの体験を聞くことが引き金になって体調が崩れ、原因不明の痛みも生じたりした。

母に首を絞められた場面が突然フラッシュバックしたのもそのころだった。弟が母親に何度も包丁を向けていたことも、それに伴って芋づる式に思い出された。一連の言動からくにさんの母親がおそらく統合失調症だったこと、にもかかわらず一度も治療歴がないことも想像にかたくない。父親は極端な病院嫌いだったので、母の異様なふるまいも見て見ぬふりをし、放っておいたのだ。結果的に、母を落ち着かせ家族を平穏に保つ役割はすべてくにさんが背負うことになったのだ。この「背負い癖」のような、いつも誰かを背負ってしまう癖は、くにさんを今でも苦しめている。

「かわいいよ」

八〇歳を過ぎた両親は徒歩で二〇分くらいのところに暮らしている。もともと近所づきあいの少なかった両親だったが、くにさんが小さかったころに建てた家はすっかりゴミ屋敷になり、人づきあいもほとんどない。両親はコンビニやスーパーの総菜を食べて暮らし、一日中テレビを流し、時折空中ですれ違う言葉はケンカにもならなかった。

ひとり息子がなぜ自殺をしたのか、突然夫を亡くした娘が孫を抱えてどうやって生きてきたのか、そんなことを考えもしなかったのではないか、両親の姿を見るたびにくにさんはそう思う。

ケアが必要なときだけは、突然くにさんが呼び出される。父親が自転車でよろよろ走って転倒し救急車で運ばれたとき、買い物の帰りに道に迷って商店街で保護されたとき、父も母もそろってくにさんの名前と携帯番号を書いたメモを差し出すので、くにさんは何があっても駆けつけることになる。だが、両親と顔を合わせるとその後必ず混乱し、三日間ほどは精神安定剤をたくさん飲んで寝込んでしまうのだった。

コロナの感染拡大は三密回避どころか両親と接触する機会を増やしてしまった。くにさんの「背負わなければ」、「私が背負わなかったらどうなるのか」といういつもの思いが湧き上ってくるのだった。両親はマスクを持っているだろうか、緊急事態宣言をどこまで理解しているのか、父はマスクもせずに自転車で遠くまで出かけてしまうのではないか。ケアマネージャーに訪問してもらい父の要介護度を認定してもらう必要があるのでは……。考え始めるとくにさんは居ても立ってもいられなくて、自宅のマスクをかき集めて実家に行った。

ゴミ屋敷の中で両親はいつもどおりぼんやりテレビを見ていたが、意外にも冷蔵庫の中には買い込んだ総菜がたくさん入っていて、コロナという言葉も知っている様子だった。くにさんが「できるだけ外に出ないようにね。出るときは必ずマスクするんだよ！」と手渡したマスクもすなおに受け取った。ほっとして帰ろうとすると、薄笑いを浮かべた母が体に触れんばかりに近寄ってきて、突然一〇万円をくにさんに握らせた。そして「かわいいね〜、くにはほんとにかわいいよ」と言ったのである。その母の目には、見覚えがあった。

帰宅してから、くにさんは足が少ししびれる気がした。最初は朝晩のしびれだったのが、二週間ほど経つと、少しずつ痛みに変わっていった。さらに、首のまわりのなんとも言えない感覚に襲われるようになった。夜眠る前が特にひどかった。頚動脈が圧迫され、うっすらと気が遠くなるような気がするのだ。

フラッシュバックと痛み

六月中旬、ひさしぶりにカウンセリングにやってきたくにさんが杖をついていたので、私は驚いた。しかし足の痛みよりも困っているのは首の感覚だという。それを聞いた私は「フラッシュバックなのではないか」と伝えた。くにさんは、待ってましたとばかりに「ピンポーン！」と即答した。このような当意即妙のやりとりは、カウンセリングの雰囲気をやわらげる効果をもたらした。

コロナ感染拡大を契機にして、両親の孤立と感染を防ぐために実家を訪問したことがフラッシュバックの引き金になったのではないかと考えた。これまでも母親に会うときには用心してきた。実家の玄関を開けると同時に記憶に蓋をしなければならなかった。何より首を絞めていたときの母の目を思い出してはならなかった。

準備をして覚悟を決めれば、なんとか一時間程度の滞在はこなすことができた。そうやって最大限の努力をしてきたのだが、コロナによって会う頻度が増し、調整が崩れたのである。

服用する薬の量も増え、ふらつきながら実家に行くようになり、足の痛みが始まった。理由もわからないので、とりあえず整形外科を受診した。レントゲンを撮ったが医者も首をひねるばかりだった。処方された鎮痛剤を飲み眠ろうとしたとき、ふっと息ができなくなった。暗闇の中でくにさんは気づいた。これは初めてではない、ああ、あのときの感覚だ。母が私の首に手をかけて、それから……。

私の手痛い失敗

くにさんの話を聞いた私は、その経験を記録するように提案した。これはフラッシュバックの対処のひとつだ。ほかにも深呼吸や、目の前の物の名前を声に出して言うなどがあるが、息ができないというくにさんにはそれは不可能だった。

「そうだ、KS《ケーエス》と名付けてはどうでしょう」

私の頭の中に浮かんだのがタレントのDAIGOが表現するＤＡＩ語だ。ローマ字でkubiwo

shimerareru（首を絞められる）はＫＳとなる。記録する際に楽で、回数もカウントしやすいだろう。こうして二人のあいだでフラッシュバックを指す暗号めいたＫＳが誕生したのである。

くにさんは、それから一ヵ月半たってカウンセリングにやってきた。

いつもどおりにノートを読み上げながら、小さな声で「ケーエス」と何度も言う。全部報告し終わったくにさんは、聞いている私がケーエスに触れないことに対して、「覚えてないんですか」と詰問した。そこでハッと気づいた。一番大切な言葉だったのに、それを忘れてしまうなんて。私は心からあやまった。

何人ものクライエントから、「主治医が毎回同じことを聞くんですよ、前回伝えたこと全部忘れてしまってるんでしょうか」といった訴えを聞いたことがある。そのたびに私だけはそれをしないと自負していたのに。膨大な数のクライエントの語る内容、住所や家族構成などをすべて覚えているというのが、不遜なまでの私の自信だった。それがＫＳによって崩壊するとは……。

やがて後期高齢者となる私の記憶力の限界を示すものか、それとも相談記録を事前に読み込んでおくことを怠ったせいなのか。この一件は、カウンセラーとしての自信喪失と反省を促す出来事だったが、同時にフラッシュバックに関して多くの示唆を与えてくれた。

日本で初めての「虐待する母のグループ」に参加した経験は、くにさんの中に脈々と生きていた。どうすればいいのかというハウツーよりも、自分の経験を言葉にすることのほうがずっと意味がある、そう信じてきたのだ。だからこそ、息ができなくなる感覚が、フラッシュバックに違いないことに気づけたのである。

侵入する記憶

フラッシュバックにあたる日本語は、侵入的想起である。文字どおり、思い出そうという意志がなくても、勝手に当時の感覚が侵入してくることを指す。思い出す（能動）のではなく「思い出してしまう」ことが一番大きいポイントだ。くにさんは、母に首を絞められたときの光景は二〇年も前に思い出していた。しかしコロナ禍で母との接触が増えたことで、そのときの身体の感覚がフラッシュバックするようになった。当時の首の圧迫感と意識が遠のくような感覚が、五〇年以上経った今、再びよみがえっているのだ。

カウンセリングで報告するために、くにさんはＫＳの回数を記録した。ゼロの日もあれば三回の日もあったが、実家を訪れた日は、例外なくＫＳが起きていた。

「目の前にいる年老いた母は、ボケたりしてません。娘にめんどう見てもらうしかなくて、そのために母はお金を渡したり、『かわいい』なんて言ってるんでしょう。わかってるんですよ」

「三日前に、思い切って聞いてみました。母ちゃん、私が小学生のころ首絞めたことあるよね？　って。そうしたら、母はきょとんとしてるんですよ。もう一回言いました、**私の首絞めたよね**、って。そしたら急に夕飯の切り干し大根がどうのと話題を変えるんですよ。ヘンかもしれませんがそれが救いに思えたんです。だってどこかで身におぼえがあるから話題を変えたんでしょ？　まったくおぼえてなかったら、『うそだ』とか『そんなことしてない』って否定するはずですから。母はおぼえているんだ、そう思えたことが救いでした」

そう語って、くにさんは杖をつきながら立ち上がった。

実家を訪れる回数を減らすことはできるのだろうか。その前に足が痛くて動かなくなったりはしないのだろうか。果たしてくにさんの母は意図的に話題を変えたのだろうか。いくつかの問いをはらみながら、くにさんとは一ヵ月後にまた会うことになるだろう。次回のカウンセリングでは「ごめんなさい」と言うことがないようにと自戒しながら、私は面接室のドアを開けて、くにさんを見送った。そしてＫＳが減少していることを心から願った。

記憶とはどういうものか、フラッシュバックとは何なのか、次章でひきつづき、くにさんの事例をとおして考えてみたい。

（二〇二〇年一〇月）

第2章 飛んで行ってしまった心

何もなかったかのように

仕事に出かける前に今日は何を着ようかと迷うのは嫌いではない。急いで服を着てヴィトンのバッグを持ち、六〇代までは八センチ近いヒールの靴を履いて家を出たものだ。まるで戦場に出かけるような感覚も、かけがえのないものだった。だった、と書いたのは、これがあの緊急事態宣言発出前の日常だったからだ。あのころの記憶が、まだ身体のどこかに残っている。

ほぼ一ヵ月以上を自宅で過ごすことで、生活の仕方もがらりと変わった。昨日とは違うものを着ようという意欲もすっかり衰えて、MUJIとユニクロの服だけを着回し、外出するときはスニーカーを履き、口紅とマスカラは無用の長物と化した。クローゼットを占拠していた仕事用の洋服に一度も袖を通さないまま、季節はあっというまに通り過ぎた。MUJIの裏起毛のワイドパンツだけが、膝が抜けるほどに着古されたのである。

気づかないうちに春は終わり、またたくまに夏が訪れ、短い猛暑が過ぎると秋風が吹き始めた。原宿にある仕事場を一歩出ると、賑わいを取り戻した街の様子はそれまでと変わらないかのようだ、全員がマスクを着けている以外は。しかし社会の底に静かな恐怖が横たわっていることを、誰もが知っている。ある日それが猛々しく息を吹き返し日常生活に躍り出てくるとしても、明日の街は今日と同じように動き続けるだろう。私たちは（小学生の子どもたちでさえ）、半年前のあの記憶を抱えながら、何もなかったかのように生きていくしかないのだ。

前述したたくにさんのエピソードは、このようなコロナにまつわる経験とあいまって、記憶について多くのことを考えさせる。カウンセラーとして五〇年近い経験を積んできたが、今でもわからないことだらけだ。しかしこの一〇年ほどのトラウマに関する研究や治療法の進展は、これまでカウンセリングで経験してきたことを新しくとらえ直すきっかけを与えてくれる。時計の針はひとしく動くけれど、生きている時間の感覚はひとりずつ微妙に異なるのかもしれない。突然わしづかみにされて過去に引きずり戻されたり、一年がわずか一分に感じられたり、二〇年経っているのに生きた感覚がその間ほとんどなかったりする。このような記憶や時間に関する個別的経験は、実に多彩で時には豊穣と思えるほどだ。

くにさんに再び会ったのは前回のカウンセリングから一ヵ月後のことだ。

部屋に入ったくにさんに、私はまず前回のことをあやまった。

「KSを提案したにもかかわらずそれを忘れてしまっていたこと、しつこいようだけど、ほんとうにごめんなさい。あれから深く反省したんですよ」

「え〜っ、ほんと？　反省？」と言いながら、くにさんは笑った。その顔を見て、私は少しほっとした。カウンセラーとしてあってはならない失態だと思っていたからだ。多くのクライエントは帰途、カウンセリングで起きたことを反芻する。中には、カウンセラーの言葉や態度に対して腹を立てる人もいる。我慢できずにカウンセラーに電話したり、次回のカウンセリングでそれを告げたりする人もいる。

カウンセリングにもさまざまな流派があるが、このような事態をどうとらえるか、どのように対処するかにその違いがあらわれる。それを詳述することは本書の目的ではないので省くが、中にはそれをクライエントの「病理」として解釈するカウンセラーも少なくない。私はクライエントに対して失礼なことをしたらあやまることにしているが、そんな対応をするカウンセラーばかりではないことを記しておく。

文字で埋めつくされたノート

「まあ、それはいいんだけど……じゃ記録読み始めていいですか？」

くにさんは気が急いているようだ。すこしいたずらっぽく笑うその眼は「過去のことをあやまるのは、私にこれ以上怒ってほしくないからでしょ？　全部、信田さんの保身のためじゃないの？」と言っているような気がした。

くにさんは小ぶりなノートを取り出した。時々見せてくれるそのノートには、鉛筆でびっしりと出来事が記録され、文章には改行がない。くにさんがいつもどおりゆっくり読み上げるのを、ＫＳを聞き逃すまいと私はじっと聞いていた。

今回は実家のガス給湯器の故障と、修理の手配をめぐる母と業者のトラブル調停が大きな出来事だった。父は頼りにならないので、母が業者との連絡を取りつけなければならなかったのだが、食い違いが多く「警察を呼ぶ」と騒ぐので、くにさんが母を説得しなければならなかった。そのためにほとんど毎日実家に通うことになったのだが、予想外の展開があった。くにさんが急いていたのは、それを私に報告したかったからだ。

○月○日

今日も三時に実家に行った。ガスの工事を頼んだマナベさんと母がやりあったようだ。もう一度私がマナベさんに電話したら母の思い違いがわかり、予定通り修理ができることになった。母はそれを聞いて安心していた。「くにが来ないなら警察を呼ぶしかないと思っていた」とのこと。傍で父はずっと黙ってぼーっとテレビを見ている。夜眠る前にKS。

○月○日

今日はいつものクリニックに行った。昨日母が安心した様子だったので私も気が緩んだみたいで、電車の中でひさしぶりにKS。診察前にも何度もKS。主治医にKSについて初めて話したが、あんまり興味がないみたいで「そうですか」と言っただけだった。

帰宅して三時に実家に行く。明日の工事を控えて意外と母は落ち着いていた。居間で両親と三人になると母はこのところいつも昔話をする。

ここまで読んで、珍しくくにさんはノートから目を離して語り始めた。私に報告したかったのは次のようなことだった。

不思議な感覚

母が二歳のときに、祖母は納屋で首吊り自殺をした。

「かあちゃんはかわいそうだったよ、ほんとうに。何回も何回も手術をして、体中傷だらけだった。自殺する前の日に二歳だった自分を抱きしめてくれたんだよ」

ここまで話すと母は必ず嗚咽した。そしてこう語る。

「かあちゃん、なんで死んだ、なんで死んだ！　って、小学校になってからもいつも納屋でかあちゃんに話しかけてたんだよ」

母は覚えていないだろうが、私はまだ小さくて「じさつ」の意味がよくわからないころから、同じことをずっと聞かされてきた。だからもうセリフまで暗記している。たいていその後に続くのが自分を遺して死んだ祖母への恨みや、「クソじじい！」で始まる父への罵詈雑言だった。結婚後に父に殴られたり浮気されたりしたこと、それを責めると着物を切り裂かれたという話も定番だった。

そこには幼いころに母を失ったかわいそうな少女、不幸な結婚生活を送った行き場のない女性しか存在しなかった。それだけが母の記憶を占領していて、彼女が生んだはずの娘と息子（私と弟）はどこにもいなかった。目の前に座っている私は、嗚咽とともに語られる母の記憶のどこにも自分は存在しないのだと思いながら、ぼんやり聞いているしかなかった。この人に首を絞められた記憶が今も私を苦しめているのに、私を生んだこの人は、娘の首を絞めたことをおぼえているはずなのに、ひたすらかわいそうな自分を嘆き、被害者であることに全身を埋没させていた。

目の前で壊れたレコードのように繰り返し亡き母について語る姿のどこにも、私のＫＳの苦しみが入り込む余地はなかった。

ところが今日は違った。母は嗚咽などせずにこう言った。

「かあちゃんにね、今はいいだんながいてしあわせにやってるよって報告したよ」

「娘がいてね、今では孫もいるんだよって」

初めて聞く言葉だった。どう受け止めればいいのか、一瞬迷った。しあわせ、孫……驚いて隣の父を見たが、母の言葉が聞こえなかったかのように相変わらずぼーっとテレビを見ていた。

思わず私は言った。

「おばあちゃんを供養してあげればいいよ」

「供養？」

母は初めて聞く言葉のように珍しく反応し、私の目を見た。

「むずかしいことじゃないよ、こころの中でおばあちゃんに話しかければいいよ」

それを聞いた母は、軽く頷いた気がした。自分でもなぜ供養などという言葉が口から出たのかわからないが、でもやっぱり供養だと思った。

実家から自転車で帰る道すがら、あの母がしあわせと思えるときがあったのだ、そう反芻すると私の中の錘《おもり》が少し軽くなったような気がした。不思議な感覚だった。立ち寄ったスーパーでキノコを大量買いし、帰宅後、たっぷりの鍋をつくった。

私は存在している

仕事から帰った娘といっしょに鍋をつついていると、彼女が「このごろのママ、『消えない？』って聞かなくなったよね」と笑いながら言う。そうだ、これは私の口癖だった。娘が幼いころからずっと「消えない？」と問い続け、思春期のころは、「うっせー」「うざいんだよ」などと散々怒鳴られたものだった。

比喩でもなんでもなく、ほんとうに娘が消えてしまうのではないかと思っていた。よちよち歩きを始めた娘の身体に触れることはできるけれど、自分が目を離したらふっと消えてしまうかもしれない。そんな怖れを抱いてきた。

子どもを虐待してしまう母親のグループに参加しているとき、そのことを語ったら、他のメンバーに驚いた顔をされた。そのとき初めてこれが「ふつう」じゃないことを知った。よちよち歩きを始めた娘が遠くに行ってしまうことが怖かった。消えてしまいそうだったので、思いっきり娘を叩いたり縛りつけたりして部屋から出さないようにした。娘が最初に覚えた言葉は「きえない」だった。それほど頻繁に、娘に対して「消えない？」と言い続けたのだと思う。

娘はほんとうに存在しているのか、ふっと消えてしまうのではないかと思うたびに、娘を産んだのは幻だった気がした。結婚して夫がいたこと、愛し合った結婚生活、すべては存在しなかったのではないか。私の身体に起きたであろうすべてのことが、ふっとどこかに消えてしまうような、ほんとうは何もなかったような気がする。娘が小さなころから「消えない？」と言い続け、虐待をしてまで確かめ続けたのは、私が生きていることが幻ではなく、ちゃんとこの世の中に存在しているのだと確信したかったからなのかもしれない。

今日、あの母が**「孫もいるんだよ」**と言った。たしかに聞いた。私が会ったこともない祖母に向かって母がそう報告したのだから、孫である私の娘はほんとうに「存在」しているのだ。消えない？　と確かめるまでもなく、この世にちゃんと娘は存在する、そう信じてもいいのかもしれない。娘を生んだ自分もちゃんと存在している、それはほんとうのことだと、少しだけ思えた。

KSがなくなる

ここまで一気に話し、くにさんは、その日から「実はKSはなくなったんです」と言った。圧倒されながらも、私は、それは喜ぶべきことなのだろうかと思った。もちろんフラッシュバックがなくなるのはよいことに違いない。だが、フラッシュバックに何らかの意味があるとしたらどうだろう。そしてくにさんはそれをどう感じているのだろう。

ひと呼吸おいてくにさんは語った。

「ずっと自分が存在していないように感じていました。この世に生きていることが信じられないままだったのです。それがいつから始まったのか、はっきりとわかったんです。母に首を絞められたとき、あの瞬間、私の心の何かが遠くに行ってしまったのです」

私はただ聞いていた。

再びノートに目を落としたくにさんは最後のフレーズを読んだ。

「先生、どうすれば遠くに飛んで行ってしまった『心』は今の私に帰ってくると思いますか？」

私は答えることができなかった。くにさんがこんなふうに質問してくるのは初めてだったからだ。しばらくの沈黙ののち、思い切って質問した。

「KSがなくなったことをどう思ってるんですか」

「ほんとうはうれしいはずですよね、あの感覚がなくなったのは。でも、正直少しさみしいんですよ。たぶんそれは、首を絞められる前にあったはずの母との温かい記憶とKSがセットになっていたからだと思います。うすぼんやりとですが、母と並んで観ていたテレビの明るい画面や、お祭りで買ってもらい妻楊枝《つまようじ》で食べたタコ焼のソースの匂いが記憶の底から浮かび上ってくることがあるんです。KSがなくなった今だからこそ、そのことがわかります」


トラウマやPTSDについて私たちが学ぶとき、フラッシュバックは苦しいだけのものだと思いがちだ。くにさんの答えは、それがどれほど一面的なものかを教えてくれた。フラッシュバックは制御できないために侵入的想起と名づけられているが、それは真っ黒に塗りつぶされているわけではなく、一瞬輝きを放つ金色がわずかに混ざっているのかもしれない、そう思ったのだ。

言葉にこだわりつづけること

トラウマという言葉の意味についてはすでに多くの専門書もあるので参照していただきたいが、多くの人が日常的に口にするようになったのは一九九五年の阪神淡路大震災以来である。あの甚大な被害が日本中に報道され、それに伴って道路や家屋だけでなく、人間の精神・心も被害を受けるという認識が共有されたのである。

臨床心理学という学問は、主として内的世界や心理の仕組みや機序などに焦点を当ててきたが、現実世界で外界から受ける被害に注目することは少なかった。震災による心的被害がトラウマと呼ばれるようになり、それに伴って私的で親密な関係である家族における被害も注目を集めるようになったのである。一九九六年にAC（アダルト・チルドレン）という言葉がブームとなったのも、子が親から被害を受けるという視点が多くの人に共有されたからだろう。拙著『「アダルト・チルドレン」完全理解』（三五館、一九九六。新版は『アダルト・チルドレン――自己責任の罠を抜けだし、私の人生を取り戻す』学芸みらい社、二〇二一）が広く読まれ、自分の経験を虐待被害という言葉によって語り直す人たちが日本中に登場したのである。くにさんもその中の一人だったと言っていい。

このところ、家族に及ぶコロナの影響は何かと問われる機会が多い。何か新しいものが生まれたわけではなく、変化の加速化を生じさせただけである、というのがとりあえずの私の回答である。すでに胚胎していたものが顕在化し、蒔かれていた種が一気に芽吹いたのだから、それは歓迎すべきではないだろうか。今ようやく本来向き合うべきものと対峙しているとも言える。

くにさんも、母と会わないようにすることでかろうじて娘との生活を維持していたが、コロナ感染拡大によって期せずして母との接触が増え、加速度的にフラッシュバックが生じたのだろう。今後くにさんがその経験に圧倒されないためには、それを意識化し言語化していかなければならない。ゆるやかだった坂道が急勾配になったかのような変化に対して、カウンセリングの役割は、クライエントをうしろから支え、坂道を転げ落ちないようにすることにある。

おそらくこれで坂道が終わるわけではない。もう少し上り坂はつづくだろう。それでも上りつづけることの意味をクライエントは知っている。

（二〇二〇年一一月）

第3章

うしろ向きであることの意味

「未来志向」という強迫

この章では、くにさんというひとりの女性の物語を出発点として、いくつかの視点について述べてみたいと思う。

ここまでお読みになった皆さんには、記憶というものの不思議さと不可解さが伝わったのではないかと思う。私は、「振り返ってみれば」という言葉が好きだ。何かと言うと、振り返ってみればと前置きして語ったり書いたりしてきた。いつも過去に問いかけながら仕事をしてきたように思う。

たぶん、ずっと若かった二〇代のころからそうだった。もちろん私が学生だった一九七〇年代は、とにかく歴史の知識がなければ友人関係からおちこぼれてしまうという時代だった。団塊の世代の学生にとっては、歴史観を持つことがデフォルトだったと言える。当時、女性の四年制大学進学率は五パーセント前後でしかなかったことを思うと、デフォルトなどという表現はおこがましいかもしれないが。

一九八五年、ドイツ連邦共和国第六代大統領であったヴァイツゼッカー氏が演説で述べた一説はあまりに有名である。「過去に目を閉ざす者は、現在に対してもやはり盲目となる」

それから三五年が過ぎた今、未来志向、前向きに、絶えず顔を上げて未来を見つめる、といった言葉の数々に、多くの人たちは強迫されているのではないか。過去のことを語ると「うしろ向き」と批判され、執念深いとかマイナス思考とか言われる。過去の経験にとらわれるのはいけないこと、究極のネガティブ思考だとも批判される。そのために苦しみ、自分を責める人も多い。

whyからhowへ

二〇一七年に、歴史学者の加藤陽子さんが、著書『戦争まで――歴史を決めた交渉と日本の失敗』（朝日出版社、二〇一六）で紀伊國屋じんぶん大賞を受賞した際、記念講演「歴史

（学）にできることは何か」において次のように語っている。

「古代ギリシアでは、過去と現在は、我々の前方にあって、見ることができるけれども、未来は、我々の後方にあって、見ることができない、と考えられていたといいます。ならば、未来は前方にはないのだと思い定め、歴史学の視点からものを見る観方をお話しできればよいと考えています」

これを聞いたときに、ずっとカウンセリングで考えてきたことがここにある、と思った。未来など見ることができないのだ、未来は後方《うしろ》にしかないと。

コロナ禍でも同じではないか。過去のデータ、これまでの感染状況や経験、過去の集積であるエビデンスに拠らなければ、収束（終息）の未来など見えてこないはずだ。

おそらく現在の風潮の背景には、アメリカを中心とした新自由主義的な主体の称揚があるだろう。流動化する社会を生き抜く人間は、柔軟であるべきで、自分で選択し、その結果の責任を負うべきだという人間像は、どこか計算と学習で成りたつＡＩを連想させる。

それに大きく加担しているのが心理学の研究である。現在の心理学・精神医学の潮目が変わったのは、アメリカの精神医学会の診断基準であるＤＳＭ-Ⅲが登場した一九八〇年ではないか。

簡単に言えば、ｗｈｙ（なぜ）からｈｏｗ（どのようにして）へのシフトである。なぜこのような症状が出現するかを探るのではなく、どのようにすれば症状が出現しなくなるかという方法探索への転換だ。精神医学ではこれを「操作的診断」と呼ぶ。

DSM-Ⅲを契機に、精神分析に代表される、そこに至る個人の経験の意味や、内的世界の構造を探るという流れは、メインロードから退くことになった。二一世紀を迎え、臨床心理学や心理学では、認知行動療法に代表される精神分析以外の方法論が席捲するようになった。

これは企業で働く人々のビジネスマインドの醸成にもつながる。自己啓発本などを見れば、どれほど「肯定」「未来」「選択」「決断」が重要視されるかが一目瞭然だ。多くの人たちは、ひたすらフォーマット化された思考法に従い、課題遂行に励む。

しかしそこからこぼれ落ちるものがある。それは「なぜ?」という問いかけであり、自分をとらえて離さない過去の経験である。新自由主義的な主体偏重の潮流からこぼれ落ちるものが、トラウマという言葉に集約されている気がする。

ナラティヴセラピー

私が一九九六年にAC(アダルト・チルドレン)に関する本『「アダルト・チルドレン」完

全理解』を上梓したときには、トラウマをめぐるそのような背景はまだ見えていなかった。そして多くの人たちがなぜACという言葉に惹かれるのかも、わからなかった。時代の空気というものがほんとうにあるのかと疑っていたが、ACという言葉が一九九六年に流行語に近い広がりを見せたことは、その存在をどこか信じさせるものだった。

同時期に、「自己とは自己についての物語である」という、ナラティヴセラピーの基本となる考えに触れたとき、どこかで救われる思いがしたことを覚えている。

初めてこの言葉を知った方もいるかもしれない。ナラティヴセラピーは、一九九〇年代半ばに日本でも注目されるようになった精神療法の一種である。主として家族療法に携わっていた専門家によって研修会が実施され、関連書が翻訳された。詳細な解説は別の機会に譲るが、自己とか自分という実体があるわけではなく、どのように自分を他者に説明するか、語るか、という「ナラティヴ」によって、自分がつくられる（構成される）という考え方である。

これを社会構成主義と呼ぶが、当時はポストモダンの思想の延長としてとらえられ、一種の相対主義のように誤解されたことも事実だ。歴史はどう語るかであって、何か歴史の真実があるわけではない、といった歴史相対主義と同じ文脈で語られることもあった。「歴史上の真実があるわけではない。客観的実在である史料をどのように構成していくかについて、正しいとかまちがいであるという基準があるわけでない。語りや構成の仕方は相対的なものである」。このような考えが社会構成主義だと誤解され、時には旧日本軍の南京虐殺はなかったという説の根拠とされたりしたのだ。

それから四半世紀が過ぎ、再びナラティヴという言葉に焦点が当てられるようになり、ナラティヴ・アプローチが注目されるようになっている。私が一九九六年に『「アダルト・チルドレン」完全理解』を出版した際には、ACと自認した人たちの「回復」とは何かを考える際に、ナラティヴという言葉は大きな示唆を与えてくれた。自分を支配していたドミナント（支配的）ストーリーから、別の新しい（オルタナティヴ）ストーリーへとナラティヴを変更する（語り直す）ことが回復につながると考えたのである。

原宿カウンセリングセンター（HCC）におけるACと自認した女性たちのグループカウンセリングは、一九九五年に開始され、現在も続行中である。コロナ前はHCCのミーティングルームで金曜の夜に、現在はオンラインで月二回木曜の夜に実施しており、一〇回ごとに生育歴を発表する。開始したばかりの頃、私は生育歴がドミナントからオルタナティヴなものに変わることが回復だと考えていた。「自分についての物語が変わる」＝「自分が変わる」というナラティヴセラピーの考えに出会ったことは、その考えに対する根拠が与えられたような気がしたのである。

一九七〇年代からアルコール依存症の人たちのカウンセリングに関わってきたので、自助グループでの語りの変化に大きな意味があることを体験的に知っていたことも大きかった。

今でも覚えているひとりの男性がいる。当時三五歳の彼は、三ヵ月断酒しては再飲酒するということを繰り返していた。カウンセリングでそんな自分のことを「意志が弱くて酒に逃げていたのです。親の期待を裏切ってばかりいたので、なんとか断酒して親に恩返ししたいです、早く結婚して孫の顔を見せたいです」と語っていた。高学歴で公務員だった彼は、母親と二人暮らしだった。

彼に自助グループAA（アルコホーリクス・アノニマス）を勧めたところ、毎日のようにミーティングに参加するようになった。そのころから変化が起きた。

中高一貫校に通っていたころに、誰にも気づかれなかったけれど二年間ほど万引きが止まらなかったことや、こっそり自傷行為をしていたことを思い出した。そのことをミーティングで話したが、誰も驚いたりはしなかった。そして、母の希望の源泉としての自分が、いったいなぜこんなアルコール依存症になってしまったのか、しだいに理解できる気がした。グループで必死に今日一日酒をやめようとする人たちの姿に触れ、飲酒していたころの自分について正直に語る彼ら彼女たちの言葉を聞いているうちに、これまでの自分がどれほど苦しかったのかが言葉にできるようになったのだ。母の期待に沿って生きてきたが、それは自分の人生とは思えなかったこと、アルコールに酔っている時間だけが生きているという感覚を与えてくれたことに気づくことができた。

このように自分のストーリーが語れるようになって、彼は初めて一年間断酒する（酒を手放す）ことができたのである。

私はナラティヴセラピーの考え方に触れた時から、それがどういうことなのかがわかる気がした。自分の経験を語ることの意味、カウンセリングにおいてクライエントが語る言葉を物語として聞くことの意味が、ナラティヴセラピーと共通していることを知ったのである。

トラウマへの新しいアプローチ

一九九六年当時、一部ではトラウマという言葉はACとつなげて用いられていた。親に傷つけられトラウマを負った人がACである、親の虐待によるトラウマを癒すことが回復である、といった文脈で語られることに、私は強い抵抗を覚えていた。それはアメリカで一九八〇年代に流行した「トラウマの癒し」のワークの流れに対する抵抗だったと思う。

何度かその流れを汲むワークショップにも参加したが、参加者が涙を流して救済を求めるようなあの雰囲気に違和感をおぼえたのである。

そこでは、過去に得られなかった経験をロールプレーやサイコドラマ（心理劇）によって「再現」して、泣いたり抱き合ったりする場面が見られた。親に抱きしめられて「大切に思ってるよ」と言ってほしかったという参加者に対して、じゃそれをここでやってみましょう、といった具合に。例外なく涙と感動の場面が展開されるたびに、それが目的なのだろうか？　と思った。九〇年代後半の私は、トラウマは心の傷であるとして、手当や一時《いっとき》の感動によって癒すことができると考える「装置」に対して、訝《いぶか》しんだり距離を置いていたのである。

しかし二〇〇〇年代に入ってトラウマの研究が一気に進み、「日本トラウマティック・ストレス学会」ができた。そしてＥＭＤＲ（「眼球運動による脱感作および再処理法」の略称）やＰＥ（持続エクスポージャー療法）に始まる数々のトラウマ治療の方法が実施されるようになったことが、私にも大きな影響を与えた。

感情を表出するというより、記憶をターゲットとしたさまざまな方法によって、トラウマ記憶に伴う衝撃や回避を低減化するのだ。わかりやすく言えば、馴化《じゅんか》（慣れさせる）を目的とする科学的な方法論が、かつての違和感や抵抗感を払拭したのである。

またカウンセリングにおいても、性暴力被害者やDV被害者とのかかわりから多くを学ぶことになった。ストーリーを語るというナラティヴセラピーには、膨大な記憶のメカニズムが組み込まれていることを知った。

多くの人たちは、危機に直面するたびに、その人なりに命を長らえるために（生き延びるために）さまざまな方法・スキルを用いている。そのこと自体の価値判断はいったん保留しなければならない、つまり肯定されなければならないということを、再確認した。

「渦中」の危機と「その後」の危機

今、これを首都圏（一都三県）に緊急事態宣言が出される前日に書いている（二〇二一年一月六日）。アルコール消毒とマスク着用の徹底以外に、もともと夜の飲食などとは縁遠い私たちはどうすればよいのだろう。

注意深く見ると、もうすぐ一年を迎えようとするコロナの影響が表面化しつつある気がする。わずかに裂け目の入った日常から、それまで見えなかったものが顕在化し、地中に埋められていた種が一気に芽吹く。

厚生労働省によれば、速報値で二〇二〇年一〇月の女性の自殺者は八五二人で、前年の二倍近くにのぼった。コロナ禍による女性の雇用不安定化と貧困化が背景にあるのではないかというのが多くのメディアによる解説だが、それだけでは一〇月に激増し一一月から減少に転じたことの説明がつかない。それに前年より最も増加したのが四〇代以上の中高年女性であることにも注目すべきだろう。

この現象をトラウマの視点から考えてみよう。

二〇一八年、WHOが公表した国際疾病分類（ICD-11）に、C-PTSD（複雑性トラウマ後ストレス障害）が加えられた。一過性のトラウマに加えて、DVや虐待のような長期にわたり反復されたトラウマによる障害が正式に認められたことになる。

コロナ感染症はパンデミックとして広がり、われわれに長期反復的なトラウマを与えたのではないだろうか。二一世紀になって飛躍的に進歩したトラウマ研究は、現実的な生命の危機が去った後で、トラウマの影響が顕在化することを明らかにした。大きな災害から復興した後に、自殺者が相次いだのと同じ構造である。コロナ禍で私たちが味わっているのも、長期にわたるトラウマ経験だという考え方もできる。

感染拡大が少し収まり、街にも活気が戻りつつあったのが一〇月だったことに気づく。四月から八月までの感染拡大という「渦中の危機」を必死で生き抜いた人が、心身の状態や将来を見つめる余裕ができた一〇月に「その後の危機」に襲われた、こう考えると自殺者の増加が説明できるのではないだろうか。

目に見える危機の渦中にある時は必死だが、それが去った後も、過酷な記憶（トラウマ）は長期にわたりその人を蝕《むしば》み続け、その影響はうつ状態、アルコール依存、自殺企図などとして表れる。「渦中の危機」に比べて、その人の心の中で起きる「その後の危機」は周囲の理解を得られず、いつまでもうしろ向きで甘えているなどと誤解されることで、本人は追い詰められてしまうのだ。

トラウマがなかなか理解されないのは、表面的な危機が去ってから初めて影響が明らかになるというメカニズムにある。まさに今、私たちが直面しているコロナの危機とも、それは深くつながっている。

くにさんは「親からの被害＝トラウマ」という視点によって自分の経験を言葉にし、ストーリーとして語ることができた。過去をどのような言葉で語るか、どのような視点でとらえるかが、どれほど重要かは強調し過ぎることはない。

うしろ向きが批判され未来志向が強制されるとき、おそらく未来はないのだ。くにさんのように、自分をとらえて離さない過去を、時間がかかったとしても見つめつづけなければ、未来もなく、新たに歩を進めることもできないと思う。

（二〇二一年一月）

第4章 マスクを拒否する母

不穏な視線

宝くじに当たった人はおそらく周囲にはそのことを語らない。これまで一度も買ったことはないけれど、もし私が当たったとしてもそのことは絶対に口外しないだろう。長い列ができる宝くじ売り場を見るたびに、コロナ禍をひそかに歓迎している人たちのことを思い出す。施設入所中の親との面会が原則禁止になったことで、どれほどの娘（息子）たちが安堵していることだろう。そのことは決して口外しないし、むしろ「会えなくて心配なんですよ」などとしおらしく語るはずだ。

彼女（彼）らは、親に会わないのではなく、コロナのせいで「会えない」のである。親に会わないことが、こうして免責される。正々堂々と会わないでいられる。悪いのはコロナなのだから。世界中を覆うパンデミックが、合法的な親との面会謝絶をもたらしたのである。

では、そういう人たちは心から解放感にひたっているのだろうか？　話はそう単純ではないと私は思っている。

あきこさんと最後に会ったのは六年前になる。当時八二歳だった母との関係に行き詰った彼女は、約一年半ほどカウンセリングに通った。

一人娘だったあきこさんは、実家の敷地内に夫と住んでいた。二人の子どもはそれぞれ結婚し家を出て行った。都心のその土地は今では高級住宅街と言われているが、もともと北陸から上京した祖父が商いで成功して自宅を普請した場所だった。長男だった父は跡を継ぎ、山梨から嫁いだ母と家業と土地を守ってきた。

母はもともと専横的だったが、孫が家を出て行くと、娘に時間ができたと勝手に判断し、娘の生活に再び干渉し始めた。ある日、外出しようと玄関を出て何気なく振り向くと、二階からガラス窓越しにこちらを見ている母と視線が合った。自分が外出する様子をじっと観察していたに違いない。あきこさんはぞっとした。身震いがするほどの嫌悪感だった。毎日自分の行動は見張られていたに違いないと思った。あきこさんがカウンセリングに訪れたのはそれからすぐだった。

心理的に距離をとる

ひざ丈のスカートに素足でヒールのあるパンプスを履いてカウンセリングに訪れたあきこさんは、五〇代後半にはとても見えなかった。幼稚園から一貫教育の女子大出身らしく、言葉遣いもふるまいも〇〇マダムという表現がぴったりだ。しかし彼女が母から受けてきた「しつけ」の内容は、外見からは想像できないほど過酷なものだった。

「母の辞書に『褒める』という言葉はないのです。幼いころから、深い川の上にかかった頼りないつり橋を渡れ、と言われてきたようなものです。落ちたら地獄だと言い聞かされて、母の敷いた人生のレールを必死で歩んできました。

父はおとなしい人で、母に反論したことはありません。それは母を愛していたからではなく、あきらめていたからだと思います。そんな父に母はいつもいらついていました。母の言うとおりにするしかないという怯えを感じていたのは、父も私と同じでした。ひとことでも反論すると延々と攻撃が続き、最後は大声で怒鳴るので、私も父もずっと母を刺激しないようにしてきました」

「母はまるで女帝でした。それもいつ爆発するかわからない不安定な。私に対する文句の定番は『あきこはなんでそんないい思いばっかりしてるんだ、なんで苦労なしに暮らせるんだ』でした。母に言われたとおりの幼稚園に入ったのに、幼稚園でいい思いばっかりして！　と責められるのです。それが理不尽だと気付いたのは小学校の高学年になってからです」

このようなことは、だれにも語れなかった。広い敷地に一戸建てを構えているというだけで、幸せで文句のない人生を送っているという先入観を人に抱かれるからだ。

母の言う「世間様に出しても恥ずかしくない」娘に育ったあきこさんは、いっぽうで聡明な視点で自分を見つめる力を養っていた。大学で学んだ社会学も役に立った。

女子大の三年生になったあきこさんは海外研修旅行に行き、そのとき知り合った夫と結婚することになった。母は猛反対したが、あきこさんは生まれて初めて母に抵抗し、駆け落ちすら覚悟した。ふだん何も言わなかった父が結婚に賛成してくれたおかげで、同じ敷地に住むことを条件に母が折れた。

それから起きたさまざまなことを、個人カウンセリングやグループカウンセリングに参加しながら、あきこさんは丁寧に振り返った。

AC（アダルト・チルドレン）という言葉も知り、母から受けてきた長い支配について言葉で語れるようになった。そしてできることなら、今すぐにでも、母から離れたい、母の目の届かない地に住みたいと切実に願った。しかし夫の仕事や、今後訪れるだろう父の介護への責任を考えると、物理的に距離をとることは不可能だと判断した。

あきこさんがカウンセリングをとおして出した答えは、今の家に住みながら可能な限り心理的距離をとって生活することだった。朝晩の挨拶は欠かさない、親の家には入らず玄関先で帰る、母には丁寧語で話す、などを心掛けた。これらの方針を確認し、カウンセリングはいったん終了した。

母の遁走

それから四年。九〇歳になった父が急激に弱り、ある日入院することになった。八六歳の母は猛烈に反対したが、あきこさんが説得し父を入院させ、毎日付き添った。足が丈夫な母は一人で病院に行き、あきこさんと時間をずらして父と面会した。それも三日に一度、一〇分間だけだった。

母が面会に訪れると、その晩必ず父は熱を出した。担当の看護師さんもそのことに気づいていた。おそらく母は父を毎回怒っていたのだろう。「なぜこんな不甲斐ない状態になったのか」「もっと頑張れないのか」「だらしない」とベッドの上の父を責め続ける姿が目に浮かぶようだった。あきこさんも幼いころから病気になると決まって母に責められた。そして、なぜか翌日には競うように母が熱を出して倒れてしまうのだった。夫や娘は自分にケアを与えるべき存在なのに、逆にケアを求めてくるとは何事かと母は怒っていたのだ。自分のほうがもっと重篤だ、さあ私をケアしろ、と言わんばかりに寝込んでしまうのだった。あきこさんはカウンセリングで「ずっと病気になることに罪悪感を抱いていたせいか、丈夫に育ったんです」と冗談めいて語る。あきこさんには、母からケアを受けたり看病されたりした記憶がない。

二〇二〇年の二月初めに父は亡くなった。当時コロナ感染がそれほど広がっていなかったので、葬儀は大きな斎場で執り行われた。この時、事件が起きた。読経の最中に母の姿が見えなくなったのだ。あきこさんはトイレに行ったと思っていたが、なかなか戻ってこない。不安になりトイレまで探しに行ったが見当たらず、携帯に電話をかけても電源が切られている。受付の担当者に尋ねたら、先ほどタクシーに乗って出て行かれました、とのことだった。

その瞬間に思い出したことがある。そう言えば母は、親や兄弟の葬儀に出たことがないと語っていた。いつもの口調で、「出てやるもんかと思った」「どんな顔で葬式に出ればいいんだい」と母が語るのを聞き、幼いあきこさんは、母の親も兄弟もほんとうにひどい人だったのだろうと母に同情したことをおぼえている。

しかしカウンセリングであきこさんは、母が身近な人たちの死に直面できない人だということに気がついた。自分をケアすべき存在、ケアしてほしい人たちが病気になっただけであれほど怒り狂うのだから、亡くなる（死ぬ）のはもっとも恐ろしく認められないことに違いない。だから母は、葬儀に出ることができなかったのだ。

しかし、自分の夫の葬儀から抜け出すとは思いも寄らなかった。席に戻ったあきこさんは参列者に、突然母が体調を崩して退席したことを詫びた。「それはよほどのお悲しみだったんですね」という同情的な反応がほとんどだったことにほっと胸をなでおろしたのだが、あきこさんは腹が立ってきた。

滞りなく葬儀が終了し、拾骨したあと、たったひとりの味方だった父がいなくなったさみしさと不安があきこさんを襲った。夫や外国から駆け付けた娘夫婦も、何の疑いもなく母のことを心配していた。しかしあきこさんだけは母がどこに行っているか、見当がついていた。

自宅に戻り、喪服からふだん着に着替えてあきこさんはクリニックに向かった。母には歯科、整形外科、内科とかかりつけ医がいた。友達が皆無だった母は、クリニック通いを日課にしていた。行けば必ずケアしてくれる場所だからだ。中でも内科医は母のお気に入りだった。

主治医はあきこさんが来るのを待っていたように「お母さまはよくお休みなのでそっとしておきました」と言った。

母は診察室の奥のベッドに横たわり、高いびきをかいて眠っていた。

「ご主人が亡くなったショックで葬儀場で具合が悪くなりタクシーで駆け付けたとおっしゃるものですから、落ち着けるように薬を出しました。少し休ませてくださいとおっしゃるのでベッドをお貸ししたら、そのまま起きてこられないものですから……」

主治医は少し戸惑った様子で説明した。あきこさんも主治医も、母がなかなか目を覚まさないのは、クリニックに来るタクシーの中でふだんより多めの抗不安薬を飲んだからだろうと推測した。

華麗な日々が暗転

父の死後、八七歳の母は真紅のマニキュアを塗るようになった。そして、きらきらとネイルを光らせ、自宅前からバスに乗り、老舗デパートに一日おきに出かけた。背筋を伸ばして歩く姿は、年齢より一〇歳は若く見える。

緊急事態宣言が発出されているのに、母はマスクもしない。見かねたあきこさんが、「マスクをして出かけてください」と不織布マスクを手渡そうとしたら、真紅のネイルが光る手でさっと払いのけられてしまった。テレビのニュースを見ていないのだろうか、コロナの感染への不安はないのだろうか。葬儀を抜け出すほど動揺したはずの父の死について、この人はいったいどう思っているのだろう、と考えた。

始まったのはデパート通いだけではない。母は父の死後ずっとお金の計算に忙殺されていた。長年の付き合いがある税理士を毎週呼びつけて、二時間ほど株券や現金、預金などの資産について説明を求めて、持論を展開した。父の生前はそれなりに抑えられていたお金に対する執着が、たがが外れて全開したかのようだった。

母がもっとも忌み嫌うのは、他人が家に入ることだった。母にとって他人とは、自分の言うとおりにならない存在を意味する。税理士も主治医も、他人ではあるが母の言うことに逆らわない。なぜなら母がそれなりの報酬を与えていたからだ。だから彼らは家の中に招き入れられた。あきこさんが玄関先から中に入らないのは、母に自分は他人だということを示すためでもあった。

マスクをしないで老舗デパートの外商担当をひきつれて買い物をすることが、まるで治外法権のように許された。「奥様」と呼ばれ、もみ手で接客されると、母は何より満足した。

ある日、母は、自宅で転倒した。居間のわずかの段差に躓いて転んでしまったのだ。珍しく携帯に母から連絡がきたと思ったら、すぐに来るようにという命令だった。あきこさんが駆けつけると、母は起き上がることも困難だったので、やむを得ず救急車を呼んだ。「大げさだ!」と母は怒鳴ったが、そのまま運ばれ、入院することになった。コロナ病棟も備えた総合病院だったので、あきこさんは付き添うことも面会もかなわず、右手が捻挫していて腰骨にひびが入っていることを電話で知らされただけである。

それから三週間経ち、母は歩行困難のままである。

あふれる感情

六年ぶりにお会いするあきこさんは、いまだ母親と会えていないこと、オンラインでの会話を母が拒否しているため、それもかなわないことを教えてくれた。おそらく転倒してからの一連のできごとは、母にとって最大の屈辱だったはずだ。父の死についても葬儀を抜け出して処方薬を多めに飲むことで直面しなかった母は、おそらく父の遺影すら見ないようにしているだろう。

見たくない現実は無かったことにする。こんな母のやり方が通用したのは、あきこさんの間接的な支えとお金があったからだ。しかし今や歩くこともできない母は、病院で他人に囲まれて暮らさざるを得ない。それは、母にとって理不尽な現実に初めて直面した経験だっただろう。だから怒っているのだ。なぜ自分がこんな目に遭わなければならないのか、と。その怒りの矛先はあきこさんだ。娘のせいでこうなった。だからオンラインなんか拒否してやる、そう思っているに違いない。

でも、その態度にあきこさんはどこか安心した。母の女帝ぶりは入院しても健在だと思ったからだ。

「歩けないことで認知症になってしまうことを心配していたんですが、まだまだ大丈夫でした」

笑顔で語ったあきこさんは、最後にこう述べた。

「こんなに長く母の顔を見なかったのは初めてです。もっと解放感を味わってもいいはずなのに、なぜか気分が沈むんです。父の死後もやっぱり落ち込んだんですが、それとは全然違います。自分でも説明できないほどの罪悪感が湧いてきて」

娘が抱く母への罪悪感について、二〇〇八年の拙著『母が重くてたまらない——墓守娘の嘆き』（春秋社）以後、ずっと考え続けてきた。

娘（子ども）が抱える母への罪悪感は、一筋縄ではいかないテーマだ。次章以降、多様な視点からほりさげてみたいと思う。

（二〇二一年三月）

第5章　親を許せという大合唱

四半世紀後のデジャヴ

テレビに出演する機会があった。ＮＨＫ『クローズアップ現代＋』という番組で、タイトルは「親を捨ててもいいですか？　虐待・束縛をこえて」だった。出演依頼を引き受けたのは、かなり微妙な、言い換えれば本質的な問いをはらむテーマだと思ったからだ。「親を捨ててもいいか」とは、答えが決まっている問いである。「人を殺していいか」という問いに似ている。つまり、答えはＮＯ（否）でなければならないのだ。

反語的に問うことで、答えをさらに強化する方法とも言える。つまり、どんなことがあろうとやっぱり親でしょ、捨てたいと思うかもしれないけれど親は親でしょ、という論法を強める役割を果たすのだ。ＮＨＫとしては落としどころをそう考えているのかもしれない、そんなふうに思った。しかし生番組の強みは編集不可能という点だ。そして私は、生番組の終了間際に、キャスターの問いに対して「親を許さなくてもいい」とコメントした。

このタイトルは、放送終了後twitterのトレンドにはいったほど話題になった。もちろん出演した私からすればうれしいことだった。でも同時に反応が二五年前とそれほど変わってないことに軽いショックを受けた。

一九九六年七月、私は五〇歳にして人生初の著書『「アダルト・チルドレン」完全理解』を出版した。この本を出版したときのブームとも言える反響と、今回の「親を捨ててもいいですか」という言葉のtwitterでのトレンド入りには、共通点がある。それは両方とも「親の加害性」「親から被害を受けたこと」を正面から扱っている言葉に対するリアクションであることだ。

SNS上の反応はほぼ九〇パーセントが好意的で、そのうちの多くが「ポロっと涙が出た」「泣きそうになった」というものだった。中には「救われた」「よくぞ言ってくれた」というツイートもあった。

これはデジャヴである。『「アダルト・チルドレン」完全理解』の出版後、AC(アダルト・チルドレン)という言葉がひとつの引き金になり、日本でも「虐待」という言葉が広がり、親から虐待を受けた体験記（その多くがアメリカの本の翻訳だった）などがけっこう売れた。

ほぼ一年間、毎日のように手紙が届いた。かなりの人たちが本を読んで泣いた、涙が止まらなかったと書いている。当時はインターネットやメールが普及し始めたばかりで、まだ多くの人が手紙という手段で感想を送ってくれたのだ。直筆で丁寧に書かれた感想は長いものだと便箋に一〇枚以上ぎっしりと書かれていた。それらすべてに共通していたのが以下の三点である。

①アダルト・チルドレンという言葉によって生まれて初めて親から受けた仕打ちについて言葉にできた。これまでは自分が悪い、自分のせいではないかとずっと苦しんできた

②ACだと自覚することで、これまでの自分の人生がジグソーパズルのピースがはまるように整理される思いだ

③親からされたことを初めて書くので読んでほしい（生育歴を詳述）

段ボール箱いっぱいの手紙を全部読んだ。最初は丁寧に返事を書いていたのだが、あまりに大変なので途中からやめてしまった。当然のことかもしれないが、私の返事に対する応答は一通もなかった。その人たちはたぶん書かずにいられなかったのだろうし、書いた

らそれだけで何かが解決したと思ったのだろう。著者である私との双方向的なコミュニケーションが期待されていたわけではないのだ。

だが、手紙に記された三つのことは、その後何冊も本を出すことになる私にとって、大きな示唆を与えてくれるものになった。

それから二五年を経たNHKテレビへの反応があまりに似ていることに驚く。言い方を変えれば、今でもこれほど多くの人が親との関係に複雑な思いを抱えているということに驚いたのだ。デジャヴと書いたのも納得していただけたのではないだろうか。四半世紀を経てほとんど変わらないことをどうとらえたらいいのだろう。

「常識は変わらない」

ここでひとつのエピソードを紹介しよう。一種の流行語のようにしてメディアでも取り上げられたこともあって、一九九六年当時の私は日本中にACという言葉が広がったと考えてしまった。

講演依頼も多く、原宿カウンセリングセンターを立ち上げたばかりということもあり、頼まれればどんな遠いところにも講演に出かけ、ACについて話した。子どもは親を支えて生きる、親は子どもを支配するものだ、ということを事例をとおして紹介したのである。その講演を聞いた人は全員その現実を理解してくれると思っていた。それは一種の傲慢な思い込みだったのだが、当時の私はそう信じていたのだ。

二〇〇〇年代の初め、九州の某県を講演で訪れることがあった。終了後、主催者と懇談した際、ACという言葉を講演で初めて知ったという発言を聞いて驚いてしまった。ACが流行語になってから六年以上経っているのに知らないとは……という思いが表情に出たらしい。主催団体の男性は、皮肉なのか自嘲なのかわからない薄い笑みを浮かべて、「ひとつの言葉が東京から届くのに、一〇年はかかりますよ」と言った。その場面を今でも思い出す。

インターネットをとおして瞬時に情報は伝達される。東京も地方都市も区別はない、一瞬で伝わるし、書籍もネットで注文すれば数日で手元に届く、そう考えていた私にとって、その言葉は衝撃だった。

今になって思うのは、一〇年かかるというあの言葉は、「どんなに東京で新しいことを言っても連綿と続いている常識は変わりませんよ」という宣告のやんわりとした言い換えだったのではないか、と思う。つまり彼が言いたかったのは、あなたがどんなに熱く語ろうと家族の常識なんて変わりませんよ、ということだった。そして今回改めて、彼の言うとおりだったと思い知らされたのである。

私は甘かった。日本の変わらなさ、日本という国の手ごわさを見くびっていたのである。

加害と呼ぶことを許す言葉

日本のドラマの多くが、許せないはずの親を許した子どもをなぜか褒めたたえ、時にはそんな場面で泣いたりする。その情景は、ひどいことを親からされました、でもね、死に目に会えたとき、やっぱりお母さんって言葉が出たんですよ、そしたら母が亡くなる前に僕の手を握り返してくれた気がしたんです……(涙)。

といった具合である。

たしかに許せない行為に対して、ぎりぎりまで苦しんだ人がそれを許したときに、多くはそれを寛大さや素晴らしさととらえ肯定的に評価するということはある。聖書にある「右の頬を打たれたら左の頬をも」という一節のように、許せないからこそ許すことがもたらす宗教的価値があり、それを否定するものではない。

しかし親子の場合はそれと同列に考えられるだろうか。近代家族についてここで述べる余裕もないが、戦後の核家族化の進行とプライバシー重視の傾向が強まることで、わずか三人から四人の家族が、子どもにとっては世界のすべてとなる。近所で自由に遊ぶこともできず、隣の家の人がすぐに覗けるわけでもない。コンクリートでさえぎられた狭い空間、隣人との交流もない中で、親が世界の支配者となり、子どもはその世界から逃れられないのである。子どもが家族から放逐されることは、地球外に放り出されることに等しいと思う。

絶対的支配者だからこそ、親は生きるための手段に子どもをしばしば用いることがある。子どもをすべてのうっ憤のはけ口にすること、もっとも素直に言うことを聞く存在を思い通りに支配すること、つまり感情をぶつけるごみ箱にしたり、時には映画『MOTHER マザー』（大森立嗣監督）のように強盗をさせたりすることまで起きる。

子どもはボコボコに殴られ、あるいは人格を完膚《かんぷ》なきまでに否定され、しかも「親に嫌われるくらいだから、世の中の誰もお前なんか愛してくれないよ」「あんたは結婚したら絶対に不幸になるから」と呪いをかけられて成長するのである。

ACは、それらの呪いを解き、親からされたことを虐待や暴力と呼ぶことを許す言葉なのだ。まずその人たちは親の行為を加害・暴力・虐待と呼ぶことが「許され」なければならない。

ところが、それは決して認められないのである。奇妙なまでの頑なさで許さないのはいったい誰なのか？　特定の人物、集団を見いだすことは難しい。たとえばそれは「常識」なのかもしれない。おとなになることは親を許すこと、成熟した人間は親を許して最後は穏やかに見送るもの、という人間観を共有しないと親族や知人とは会話できないことになっている。それが「常識」だ。

私はいつもカウンセリングでそれを「マジョリティ」と呼んでいる。世間的な付き合い、ちょっとした会話、テレビドラマのあらすじ、といった言説の中に満ち溢れているのが、マジョリティ（常識）である。

「だって、親じゃないの」「いいかげんにおとなになりなさいよ」「どんな親でも親は親」といった言葉にそれは現れる。二〇歳を過ぎて、時には六〇歳を過ぎていても、「親のあの行為は虐待だったんだ」などと言おうものなら大変なことになる。「常識」を背負う人々が、山火事を見つけたように、寄ってたかって鎮火しようとするのだ。それはまるで、革命やレジスタンスを鎮圧しようとするかのようだ。

あやまろうとしない親

そもそも許しは、自発的なものだ。許せる感じになったり、ああ許してもいいかと思える、その結果が「許すこと」になる。そのためにはまず、加害者（ひどいことをした人）が「あやまること」（謝罪）が必須である。

家族は謝罪が必要ない集団と思われてきたが、最近はＤＶ加害者でも、謝罪する人が増えている（あやまったうえで、「許さないとはどういうことだ」と逆切れするケースも増えているのだが）。

では親子はどうか。

親が子にあやまるには相当の覚悟がいる。「お母（父）さんが悪かった、ごめんね」と言えるほど立派な親は少ないはずだ。たいてい「言うことをきかない子どもが悪い」として、あやまるどころかさらにひどい扱いをする。

じつはこのことが多くの子どもに多大な影響を与えている。たとえば父親からさんざん殴られた子どもは「自分が悪いから殴られた」「これはしつけだ」と思うしかないのだ。カウンセラーとして強く言いたいのは、「親は絶対に子どもを殴ってはいけない」ということだ。いかなる理由があろうと殴ってはいけない。あえてそう書かなければならないほど、多くの人たちが親から殴られて育っている。

虐待は貧困家庭に多いと思っている人がいるが、そうとも限らない。輝かしいキャリアのある起業した女性やエリート官僚の男性が、ふるまいや着こなしからは決してうかがいしれない被虐待経験を持っていることは珍しくない。虐待が社会的地位やお金を手にしても逃れられないほどの大きな影響を与えてしまうことは知られている。これについては、いくつかの専門書を読んでほしい。

問題は、それほどの加害行為の主体である親が、被害を与えた子どもに対してあやまらないどころか「虐待の自覚」もなく、親だから介護してもらって当然と思って老後を生きていることだ。

親が認知症になる前に、子どもであるその人たちはあやまってもらう必要がある。家を一歩出たら、自分では良かれと思って（悪意なく）やったことでも、相手を深く傷つけたとしたら、あやまることが当たり前ではないか。

そんな「当たり前」から除外されているのが親子関係である。そして、日本のマジョリティ（常識）はそれを支持している。親子関係の特権化、聖域化がなぜここまで維持・支持されてきたのか？　と思わされる。

その人たちは親に多くを望んでいるわけではない。それほど苦しい思いをさせて悪かった、ごめんね、というひとことを望んでいるだけだ。しかしそのような言葉が親から発せられるのは、きわめて稀である。

その人たちが親の介護を迫られたら、親のめんどうを見るしかない立場に追いやられたら、「捨てたい」と思うだろう。ここまで追い詰められた状況で発せられるのが「親を捨てもいいですか?」という呻《うめ》くようなひとことなのだ。

戦うべき相手はだれか

二五年経った今、再び同じような感慨を抱く人たちが膨大な数、日本中に存在しているということ。

これは何を表しているのだろう。

おそらく、マジョリティが支えているのは、この国の根幹にある家族の「常識」である。国破れて山河在り、と言われるが、山河とは実は「お母さん」なのである。何があっても母はあたたかく子をむかえる存在であり続けるだろうという幻想が息づいている。

これらが家族の「常識」を支え、この国を支えているのだ。秩序の根幹にあるのは決して父ではない。日本の根幹にあるのは母である。

だから、ACと自認した人たちが、親からされた行為を加害・虐待と呼ぶことを激しく鎮圧する。それは危険思想だからだ。マジョリティの根っこにある親子(中でも母子)の「常識」を破壊しかねない。鎮圧と書いたが、それほどまでの圧力から透けて見えるのは、「常識」を崩してはいけないという必死の姿勢である。「親を許せ」「親を悪く言うなんて」という大合唱は、あからさまな抑圧ではないだろうか。

子どもであるその人たちの願いは実にささやかなものである。あやまってほしい、親を捨てたい、親から受けたのは虐待だった、とせめて言葉にしたいだけなのだ。そのささやかさに対して、「許せ」という大合唱が巻きおこる。だが声高に叫ぶ人たちは、その人たちが長い間罪悪感を抱えてきたことを知っているのだろうか。

外からその合唱が耳に入ってくるよりもずっと前から、その人たちの頭の中で、絶えず「親を許せ」という声が聞こえるほどに長い歳月をかけて内面化されているのである。

「毒親」などと呼ぶまえに、私たちは知らなければならない。毒なのは親ではない。被害を受けた、親を捨てたい、親を許せない、という言葉を禁じるこの国の常識（マジョリティ）こそ毒であると。戦う相手を間違えてはいけない、そう思う。


（二〇二一年五月）

第6章 母への罪悪感はなぜ生まれるのか

クライエントの三分の二は家族問題を抱えて来所する

「愛」という言葉ほど一筋縄ではいかないものはない。特に家族問題でお困りの方たちとのカウンセリング経験からそう思う。私が顧問をつとめる開業の心理相談機関、原宿カウンセリングセンター（ＨＣＣ）は、少し他の機関とは違っている。主な対象を家族関係、アディクション（依存症）、暴力などにしぼっているからだ。公認心理師・臨床心理士が開業する場合、「心」の問題や個人の内的世界を対象にするのが通例だ。

次に、最新の資料を掲載するので見ていただきたい。これは二〇二〇年の一月から同年の一二月初めまでの約一一ヵ月間に、新規で来談した人たちの主訴（何に困っているか）を集計したものである。

これを見ると、配偶者との関係、親子関係に困って来談する人たちの割合が高いことがわかる。親子関係を主訴とする人にACも含めれば約半数である。HCCは一九九五年開設時よりアディクション（嗜癖）を持つ本人やその家族の問題を対象としてきたが、そこから家族関係全体、中でも暴力の加害・被害にまで広がる主訴と向き合い続けてきたのだ。

親との関係が苦しいのは「悩み」ではなく、「つらさ」とも違う。とにかく「苦しい」のである。よく「カウンセリングってお悩み相談でしょ」と言われるが、そのたびに強い抵抗感をおぼえて反論したくなってしまう。悩みとは、心の中で起きることを指している。「悩」という字に忄（りっしんべん）が付いているのもそのせいだろう。でも、苦しいというのはもっと全体的（身体反応も含む）なものだ。中でも母との関係において生じることがらは多岐にわたり、その点では他に類を見ない。だから

主訴別（2020年12月4日末現在）

	対面	OL	計		対面	OL	計		対面	OL	計
夫婦関係	75	9	84	家庭内暴力被害者	4	0	4	ギャンブル	3	1	4
親子関係	75	23	98	家庭内暴力加害者	0	0	0	借金・浪費	5		5
その他の家族関係	5	0	5	家庭内暴力心配者	2	0	2	PTSD	12	4	16
職場の人間関係	5	1	6	虐待被害者	6	1	7	性被害	14	5	19
学校人間関係	1	0	1	虐待加害者	3	0	3	性加害	3	1	4
恋人関係	10	1	11	虐待心配者	3	1	4	性加害被害心配者	2	1	3
その他の人間関係	5	1	6	子育ての悩み	11	1	12	生き方	5	2	7
ED	10	0	10	不登校	5	1	6	ハラスメント	6	0	6
AC	49	8	57	引きこもり	4	0	4	統合失調症	1	0	1
共依存	2	0	2	うつ	15	3	18	統合失調症以外の精神病	4	0	4
DV被害者	46	10	56	自傷	4	0	4	盗癖	5	1	6
DV加害者	17	3	20	AL	10	0	10	その他	16	0	16
DV心配者	7	1	8	Drug	7	0	7	計	457	79	536

※OL＝オンライン

「苦しい」としか表現できないのだ。

名づけることの意味

二〇〇八年に拙著『母が重くてたまらない』を出版した時、大きな反響を呼んだ。その理由は、それまで母との関係をどう呼んでいいのか、形容する言葉がなかったからだ。

母娘問題に注目が集まる中で、「重い」という私の表現から、その後出たいくつかの本のタイトルに見られるように「しんどい」「つらい」といった形容詞へと発展し、東日本大震災の翌年、二〇一二年には、「毒親」という言葉が広まっていった。それ以前に『毒になる親』（スーザン・フォワード著、玉置悟訳、毎日新聞社）という翻訳書はあったが、いわゆる毒母という言い方が日本で広まったのは震災以降である。毒という言葉を用いることで、親を形容するさまざまな表現の出番はなくなったかのようだ。「うちの親は毒母だ」とか、「毒親持ち」「毒抜き」「解毒」「毒母の生態」といった表現が、現在にいたるまでネット上で、まるで植物が繁茂するようにどんどん広がっている。

私は「毒親」「毒母」という言葉を自分からは使わない。このことは、はっきりと言っておく。名づけという行為は名づける側にとって意味があるものだ。自分を苦しめる相手を「名づける」ことの意味はわかる。そして苦し紛れに相手に叩きつけるとき、毒というショッキングな言葉がインパクトを持つことも認める。名づける相手の側が自分より権力を持っていれば、それを叩きつけるだけでも勇気がいる。電車の中で大声で「チカンです」と言えないのと同じだ。ネットやさまざまな媒体で「毒親」と表現できるのは、それに同調してくれる仲間がいるからだとも言える。

だが、毒親と親に向かって言っても、相手にはなんの痛痒《つうよう》も与えないだろう。巨人に向かって小石を投げたところで、相手には虫に刺されたくらいの刺激しかない。残念ながら、私のカウンセリング経験をふり返っても、子どもに糾弾されて自省したり行動を改めたりできる親はほんのわずかだ。毒親という言葉は、あくまで名づけた側にとって意味を持つものにすぎない。親の加害性を毒という言葉を用いることで明るみにし、思いを投げつけるという意味以上のものはない。

毒親と名づけたところで、親との関係は変わらない。毒を解毒するという表現もあるが、そんなハウツーで解決できることなど、ほとんどない。「毒親に悩んでいる方、ご相談下さい」などと宣伝するカウンセリングもあるが、毒親という言葉を使って人を集めているのではないかと思ってしまう。

なぜこんなに厳しい見方をするかと言えば、ACという言葉に対する激しい社会的バッシングを経験しているからだ。私は一九九六年に『「アダルト・チルドレン」完全理解』という本を出したが、刊行後しばらく、ACに対する批判が続いた。当時の出来事をひとつずつ書く余裕はないが、数年にわたる日本社会の拒否反応を見ながら、「母を責める、母を断罪することは、この国に反逆することを意味する」と思ったのだ。それほどに、世間の批判はACと自認することに対して苛烈だった。

ACはジェンダーや世代を超えて、この国の深部にまで根を張った「信仰」への反旗と受けとられたとしか思えない。それくらい、日本という国で母から自由になることは困難を極める。だから毒親と名づけることが日本社会を変えると私は思えないのだ。

ACは、自分で自分を名づける言葉だ。生きづらさが親との関係に起因していると明言し、自分の中に入り込んでいる親の存在を自覚し、その影響をつぶさに語り、認め、仲間とつながっていくこと、さらには世間の常識にがんじがらめになるのではなく、その常識を超えていくことを目指す言葉である。それでも、誤解や批判が多々あった。

罪悪感が生まれる背景

社会の無理解の他に、大きな壁がもうひとつある。どれほどカウンセリングを受けようと、どれほど仲間や他者から経験を承認されようと、最後まで残るものがある。それは罪悪感だ。「ああ、こんなことを考えるなんて、やっぱり自分のとらえ方がヘンなのでは」「あのかわいそうな母には私しかいなかったのでは」という思いが自分の中でゼロになるわけではない。そして、なぜこうなってしまうのか、と考えるたびに、「すっきり割り切れない自分はダメなのではないか」という思いが湧き上がるという悪循環が始まる。

その悪循環はたぶん、世の中がどんどんわかりやすくなっているせいで生じているのだろう。ネットを見ていても、入り組んだ記事はPVが伸びない。ランキングに慣れてしまうと、下位の記事を読むのに少し抵抗を感じる。自分自身を振り返ってもそうだ。そこには、たぶん後期高齢者になったこともからんでいるだろうが。

私たちは、少しずつ世界を狭めている気がする。歩いて回れるほどの小さな島に住んで世界の複雑さから無縁でいるような感覚が、どこに住んでいても普通になっている。盆栽のような小さな世界を求め、状況をわかりやすく解説するものを求め、それに満足しようとしてスマホばかり見ている。毒親という言葉も、複雑さを遠ざける時代背景を源流としているのかもしれない。

なぜ罪悪感はついて回るのだろう。思いつくのは、母性という最強ワードの影響である。

発達心理学や育児論において、すでに「母性」という言葉は死語になりつつある。使われる場合も「母性的」という言い方が一般的になっていて、その主体は生みの母でなくてもよいというのが共通の理解だ。父や近親者、他者でも母性的な行為はできるとされる。

田間泰子著『母性愛という制度』（勁草書房、二〇〇一）という、ここ二〇年ほど私が参考にし続けている本があるが、それによれば、母性愛は一種のイデオロギーであり、次の三つのステップから成り立っている。

①女性は皆、母親になるものだ

②母親は皆、わが子を愛するものだ

③子どもは皆、実母の愛を必要とするものだ

今では、先進国の常識となったダイバーシティという考え方によって、①はほぼ公には口にできないようになった。しかし②と③は広く信仰されており、母親による虐待事件があると、例外者（どこか欠陥がある母親）による事件とされて、彼女たちは「ふつう」の人から排除される。

さらに母性の構成要素には二つの要素がある。それは愛と自己犠牲である。多くの母性愛の物語を盛り上げるのは、母の自己犠牲的な献身であり、それは子どもを包み込むような無私の愛とも言える。このストーリーのフォーマットはいつの時代も揺るがない。二一

世紀の現在もバリエーションを変えながら広がり続けている。

自己犠牲とは、無私であるということだ。「私」を主張せずに、黙って苦労を受け入れる態度である。かつてそれは苦労して自分を育ててくれた母の姿に求められた。現代では、それは「少女」になった。短いスカートに、服からはみ出しそうな胸。セクハラという感覚が麻痺しているのではないかと言いたくなるほど、いまや巷には肉感的な少女のイメージがあふれていて、しかもどれも似通っている。なぜあんなに巨乳なのか。そこに母性の変形を見ることができないだろうか。

欧米ではセクハラコードにひっかかってしまうようなイメージが日常にあふれる日本は、とほうもなくペドフィリア（小児性愛）的で、子どもへの性暴力が問題視されにくい社会とも言える。

では、なぜ母にではなく少女に自己犠牲的な母性を見るのだろう。少女は無垢であり無知であり、「私」「自我」を主張することなく無私だからだ。この少女の圧倒的なイノセンスは、それを欲望する男性を決して脅かさない。罪悪感すら抱かせないだろう。彼らにとって、少女は安心して母性を求められる存在であり、少女を介することではじめて承認欲求と支配欲求を満たすことができるのかもしれない。

「あなたのために」という偽装された自己犠牲

日本社会のペドフィリア的な状況については稿を改めるとして、母親がなぜ罪悪感を覚える対象とされるかについて、もう少し考えてみたい。自己犠牲の母は、貧しく悲惨であればあるほど、美化され崇高化されていく。山深い田舎の一軒家で、ほっかぶりをした母が肉じゃがを炊いて息子の帰省を待っている。そんな、今時テレビCMにしか生息していなさそうな「おふくろ」の姿が、幻想の中で息づいている気がしてならない。母性という言葉を具現化したような「おふくろ」は、耐え忍ぶ存在なのだ。

実際の母たちは、スキニージーンズにスニーカーを履き、ずっと若々しい。子どものために我が身を犠牲にするイメージはなく、習い事や旅行などに忙しいアクティブな中高年という感じの人々が少なくない。それなのに、娘たちに語る言葉が変わっていないのはなぜだろう。

母親が「あなたのために」という言葉で娘を支配するのは定番だ。もう二五年前から飽き飽きするほど私はそう主張し続けてきた。

母親の「母性」を裏付けているのは、無私の愛でもなく無償の愛でもない。「あなたのために」という言葉によって抵抗不能な罠を仕掛け、娘を支配し生き延びようとする欲望である。この欲望は、表向き欲望には見えないので娘は抵抗ができないのである。抵抗すると、「あなたはまともな人間じゃない」「母の愛を否定する恐ろしい存在」と、娘に問題があるかのように周囲の人間までも言い募るだろう。

母は、娘の抵抗を恐れている。支配下から娘が脱することを何より阻止したいのだ。だから娘が少しでも抵抗しようとすると、母は自分の「弱さ」を武器にする。娘が母から離れようとすると、心不全やパニック発作を起こしてそれを中断させる。意志で症状を起こすことはできないはずなのに、絶妙なタイミングで病に倒れる母があまりに多いのである。反対を押し切って結婚しようとすると、娘が運転する車から飛び出そうとする。中には自宅の二階から実際に飛び降りた母もいる。こうやって「命を懸けて」まで娘の抵抗を阻止するのだ。

そんな経験をした娘たちは、抵抗したり、母の愛を「支配」と思ったりすること自体が許されないと思う。そしてあきらめとともに生きるのだ。

娘たちは、勝手に罪悪感を抱くわけではない。明らかに、母が娘を支配下から逃さないようにした結果、娘は自分を責めるのだ。「素直じゃない」「そんなの私の娘じゃない」、あるいは「どうして私を捨てるのか」などと、まるで恋人を引き止めるかのように決して娘を手放そうとしない母たち。そんな母への反応、娘からの誠実な応答が、罪悪感の正体であり、逡巡につながるのだ。本当に悪い娘なら完全無視を決めこみ、苦しさも感じないだろう。だから罪悪感を抱く娘はなんていい娘なのだろう、と思う。

自分はひどい娘ではないか、と苦しむ人は、母親の仕掛けた複雑な罠にはまり、見えない支配にからめとられていると考えてほしい。そして、罪悪感に苦しんだときには、なんて自分は母に対して誠実で真っ正直なのだろう、そう思っていただきたい。

もうひとつ、母への罪悪感は複雑なものだと自覚して、そのやっかいさを覚悟していただきたい。ひとことで「〇〇だから罪悪感が生じる」と言える説明は不可能だからだ。罪悪感はことあるごとに湧いてくるものだと理解しておくことが重要だ。

最近の精神科医療における新しい流れにオープンダイアローグがある。ここでは詳細に立ち入らないのでできれば解説書をいくつか読んでいただきたいのだが、患者や家族、スタッフチームが対話を繰り返すことで症状が治まっていくという現場の経験から生まれた方法およびそれを支える哲学を指す。実施する際に大切な態度として挙げられるのは、「不確実性に耐える」ことである。

大好きなこの言葉をもじって、私は罪悪感を抱える人たちに向けて「複雑さに耐える」という言葉を贈ろう。母への罪悪感の根を探るには、複雑さに耐えなければならない、がんばろう、と。

次章は虐待の結果として生じる罪悪感についてくわしく述べようと思う。

（二〇二一年八月）

第7章 「君を尊重するよ（正しいのはいつも俺だけど）」

孤立無援の日々

カラーリングをした髪が、西陽を受けて少し青味がかって輝いている。大きなトートバックを肩からおろし、マサコさんは面接室のソファーに座るなり語り始めた。内容はこうだ。

〝夫は今日も在宅だ。正確には在宅勤務をしている。あれが勤務とは思えないが。

緊急事態宣言発出後、私はほとんど在宅勤務もなく、車で出勤している。外回りが中心なのでしかたがないのだが。製薬会社と医療機関とをつなぐという新しい業態のため、競合会社がないぶん、どんどん忙しさが増している。

大手保険会社勤務の夫は五八歳。子会社出向だけは免れたが、もうこれ以上の出世は望めないことは明らかだ。さらに昨年春以降の経済の冷え込みが影響し、業績悪化に伴う給与と賞与の減額が相次いでいる。

夫の会社は、家族が代々勤めることが珍しくない、従業員にとっていわば世襲会社のようなものだった。私の父が同じ会社に勤めていたので、私も大学卒業後なんとなく勤務し、そこで夫と知り合い、社内恋愛で結婚した。縁故採用が多いためか社風がゆるいところは悪くなかったが、娘の出産を機に退社した。

父が定年前にすい臓がんであっというまに亡くなり、その三年後に母も亡くなった。帰るべき実家が無くなってしまったのだが、それは介護の心配も無くなるということであり、私にとっては自由を意味した。しかしその後起きたことは、正直今でも私の人生に強い影響を与えている。

一人娘が思春期以降、私に暴言を吐くようになったのだ。よくある不登校や非行といった表立った問題行動ではなく、家族の中で、それも私に向けてだけ、「あなたの言うとおりにしていたら私は死ぬよ」と叫び、家事を手伝うどころか、私を顎で使い、登下校の車の送迎をさせるなど、まるで奴隷になれと言わんばかりの態度を繰り返した。暴力こそなかったものの、家の中は荒れ放題だった。

夫は口先だけで「ママにそんな言葉づかいはやめろよ〜」と言うだけで、ちょっとおもしろい演劇を見るような態度は変わらなかった。当時からすでに、毎晩酔っ払って遅い時間に帰ってくる日々だった。交際費を使って銀座の飲食店に入り浸り、泥酔して帰宅した後は、必ずリビングのソファに背広姿のまま眠りこけてしまう。そんな夫を寝室まで連れていくのに、私はへとへとになってしまった。

外部から見て目立った問題行動はないため、娘に困り果てていたことは、誰にも理解されるはずがないと思っていた。だからカウンセリングや教育相談を利用したこともなかった。専門家から、母である自分が責められるのではないかという怖れもあった。しかし一三年飼った犬が亡くなったことがきっかけになった。悲嘆にくれながら、どこにも今の自分の思いを聞いてくれる場所がないこと、自分に耳を傾けてくれる存在がいないことに気がつき、カウンセリングに行くことにした。

それからしばらくして、違う犬種の犬を新しく飼うことにした。同時に自分の考えをもっとはっきり娘に伝えることにした。娘との格闘の日々は七年余り続き、最後は「出ていく！」、「出ていきなさい！」で幕が下りた。娘は今都心のマンションで、同じ会社の、なんでも娘の言うとおりにしてくれる、バツイチ一〇歳年上の男性と暮らしている。どんな生活を送っているのか尋ねたことはないが、娘は最近、まるで何もなかったかのように、ＬＩＮＥで連絡をしてくるようになった。

最近自分が娘との生活でどれほど傷ついていたか、それをどれほど長い間否認してきたかに気づかされた。でも、それはカウンセリングを続けることで、私の中でやがて整理できるだろう。娘が今後どうなっていくのかはまったく予想もつかないが、少なくとも以前のような状態だけは繰り返さないでいられると思う。

在宅勤務の夫

そこにもっと大きな問題として浮上したのが、夫との関係である。

結婚以来、父親と正反対である夫には失望の連続だった。それでも、夫が役職にあったこと、私が仕事に対して自信がなかったこともあり、なんとか耐えることができた。娘の問題に必死だったことも、夫婦関係から目を逸らす役割を果たした。今から思えば、夫が協力してくれるという期待を持ったことすらなかった。何より、夫は家にいる時間が少なかった。顔を合わせる時間も短く、夫が帰宅するときはたいてい酒に酔っていた。夫の言動を気にすることなく歳月だけが過ぎ去った。

だが、昨年来のコロナ禍で、それらがすべてひっくり返ってしまった。毎日夫は自宅にいる。ときどき出勤する日もあるが、ずっと自宅にいる。ノートパソコンを開いてリビングを占領しているが、もともとスマホも使いこなせないほどだから、おそらくオンラインの業務でもお客さま状態ではないだろうか。うろうろとリビングを動き回り、決まった時間だけPC画面を眺めているからだ。

コロナの感染拡大が叫ばれるまでは、私が六時半に起きて犬の散歩、掃除、朝食づくり、夫を車で駅に送り、そのまま出勤という生活だった。今では私のほうが仕事に出て、夫は自宅にいる立場へと反転してしまった。

もともと私の仕事には関心がない夫だったので、仕事内容や給与について尋ねられたことはなかった。そもそも私が働くことを「許してやっている」のは自分だと思い、おそらくアルバイトに毛が生えたくらいだとバカにしていたに違いない。私も、夫の給与や小遣いについて文句など言ったことはなかった。それは、父も自分も勤めていた会社だったことも影響している。

妻の納税額に衝撃

在宅勤務が始まってしばらくして、スマホや手帳を出しっ放しにしておいても目もくれなかった夫が、突然私の納税額を聞いてきた。私の業績が評価されて給与が上がっていたことなど、夫は知るはずもない。隠す必要もないのでだいたいの額を伝えたとたん、これまで見せたことのないギョッとした表情になった。もちろんすぐ普段の顔つきにもどったが。

なぜ夫がそんな質問をしたのか、理由を考えてみた。お気楽に会社に行き、夜は行きつけの店で部下と交際費をつかって飲んで帰宅するという夫の生活が、コロナ禍で切断されてしまったからだろう。定年まで一〇年を切り、おまけに管理職路線から外れてしまった現実が、否が応でも突き付けられる。オンラインだって周囲の力を借りてなんとかついていくほかない自分の姿を、日々PCの画面上で眺めることになる。夫は、これまでそんな不安や挫折感を、酒を飲むことで解消してきた。声を掛ければ、交際費のおこぼれを期待してついてくる部下は何人もいた。しかし、昨年の緊急事態宣言発出以降、それもできなくなってしまった。

飲んで「憂さを晴らす」ことが最大の楽しみだった夫が、日々自宅で過ごすという未経験の世界に投げ込まれたことになる。老後の生活というものが自分にも訪れるという現実は、夫をさらに不安にさせたのだろう。それで、初めて妻の収入も知っておこうと思ったのだ。私という人間ではなく、収入への関心だったことが、少しだけ残念だったが。

私の納税額は夫のそれを上回っていた。想定外の事態にショックを受けただろう夫は、毎晩食器を洗うようになった。そればかりか洗濯物を取りこんで、畳むようになった。理由を尋ねたわけではないが、たぶん理由は私の収入の多さだったろう。私は手伝ってくれる夫に、感謝だけは伝えるようにした。

もともと夫は、私に対して口数が少なく、口を開けば、抑圧的ではないものの、責任逃れの発言しかしなかった。

父はお世辞にもやさしい人ではなかったけど、いざというときには頼りになったし、理不尽なことを許さないという芯のある人だった。夫がやさしい人に思えたのは、父と正反対だったからだ。私の発言に頷いてくれたのは、やさしさではなく単に責任逃れのためだったということがわかったのは、娘が生まれてからだ。すべては遅すぎた。

「君が望むなら」の本当の意味

家事を手伝うようになった夫は、口数が増え口調まで変わった。気持ち悪いほど丁寧な言葉遣いをするのだが、でも夫の考えそのものが変わったわけではない。

「おはよう」「朝ごはんは何が食べられるのかな?」「今夜のメニューは何かなあ」……

こう言われると、なぜか腹立たしくなる。お茶碗を洗い、洗濯物を取りこんで畳む夫は、食事のメニューを考えるわけでもなく、炊事をするわけでもない。

「あなたも毎日家にいるのですから、今夜の献立くらい考えてください」と伝えると、「君が考えてほしいのなら、君がたとえば何を食べたいかを伝えてくれればいいのに」「スーパーで買ってきてほしいものがあれば、メモしておいてくれればいいのに」と言う。

私が左足首を捻挫したとき「犬の散歩をお願いします」と頼むと、「君がやってほしいって頼むのならよろこんで犬の散歩に行くよ」「散歩のコースを前もって書いてくれればいいのに。別に散歩がいやだなんて言ったことはないし」。

こんなやりとりをしていると、私がすべて悪いことになってしまう。私が頼むからするのであって、これまでそれをしなかったのは、私が頼まなかったからだし、事前に情報を伝えなかったからだ。夫が言外ににおわせて意味しているのは、こういうことなのだ。私は夫にこう伝える。

「あなたは自分からしようと思ったことはないのですか？　家事だって犬の散歩だって、すべて私に言われてやっているのでしょうか。あなたの言い方だと私が頼まなければ何もしないということになりませんか」

私はいつも、できるだけ冷静に、論理的に話すようにしている。極力誤解を防ぐために、そうしているのだ。丁寧な口調も、夫へのあきらめと期待に引き裂かれそうになる自分をなんとか奮い立たせるためだった。

夫の返答はこうだ。

「なるほど、君の意見はわかった。でも、それは君がそう思っているというだけで、君がすべて正しいということにはならないでしょ。僕はそう思わないから。これは僕の意見だけど」〟

責任転嫁と定義権の収奪

マスクをつけたマサコさんは、ここまでを一気に話した。何度か来談しているが、決して感情的になることなく、むしろ自分の経験も含めて皮肉めいた口調で語るのが彼女の特徴だった。おそらく、毎日夫と暮らすためには、ある種の諧謔《かいぎゃく》が不可欠だったのだろう。彼女は、政治に国民が絶望すると、いっせいに為政者を戯画化して笑いの対象とするように。彼女は、カウンセリングの場で夫のことをそうやって笑い、私もいっしょに笑った。しかし笑いながら、カウンセラーとして夫の言葉についてきちんと解説することが必要だと思った。そうしないと、この夫の話術にはまってしまうからだ。

責任転嫁の話法は、日本のあちらこちらに溢れている。責任転嫁をするのは、常に力の強い者であることは強調しておきたい。彼らは自分より弱い者たちに責任転嫁をしておきながら、**その人たち**が責任転嫁することは決して許さない。あなたが望んだのではないかと自己責任を強調することで、弱者のほうを追い詰めるのだ。

「人のせいにするんじゃない」という説教は、親から子には許されるが、その逆はタブーだ。そもそもこの言葉は、上から目線という立ち位置を意味している。AC（アダルト・チルドレン）という言葉が日本で広がった一九九六年に、多くの評論家や専門家が、「これは親のせいにする言葉だ、親のせいにするなんて自立していない証拠だ」といっせいに批判したことを思い出す。

ここでマサコさんの夫の言葉を見てみよう。

巧妙に自己決定を避けていることを示すのが、「〜してくれたらよかったのに」「〜すればいいのに」という言葉だ。

犬の散歩に行かなかったのは、妻が頼まなかったから。頼んでくれたらよかったのに、という論法である。

ここで連想するのは、近年おなじみの、政治家による「謝罪のイベント」である。安倍元首相が大々的に展開してそれが一般化したのではないかと思っているのだが、どうだろう。

「もし皆様にご迷惑をおかけしたとしたら、お詫びもうしあげます」というアレである。つまり、国民が迷惑に思っているからお詫びをするのであって迷惑に思わなければいいだけのことだ、という開き直りである。彼らは国民の大多数は自分の味方だ、批判してくるのはごく一部の人間だと本気で思っているのではないか。だから、表向きあやまっているポーズさえとっておけば、批判はすぐに収まるはずだと踏んでいる。国民をなめているとしか思えないこの責任逃れの話法は、家族の中では夫から妻へ、親から子へ当たり前のように使用されるようになった。

おそらく、あからさまな抑圧・命令がハラスメントや暴力として指弾されるようになったので、巧妙にそこをくぐりぬけるために、使用されるようになったのだろう。


夫の言葉にはもうひとつ、問題点がある。

「それはあなたの意見でしょ、あくまであなた個人の主観的な見方であって、自分はそれに与《くみ》しません」という話法の前提に注目しなければならない。

これを「定義権の収奪」と呼びたい。それは「定義権はもともと自分にある。あなたの主張はちゃんと聞くが、それは極めて主観的で間違っている。そう判断できるのは私だけだ。あなたがどう思おうと正しいかどうか決めるのは私だ」という主張だ。

これも手が込んでいる。あたかも相手においしいお菓子を与えるかに見えて、さっと奪い返してしまう。相手にはこんなおいしいお菓子を食べる権利なんかないのだから、という筋立てである。

マサコさんの夫が用いた責任転嫁と定義権の収奪の話法は、なぜ、たちが悪いのだろう。それは表向き、相手の権利・主張を尊重しているかに見えるからだ。彼は、たぶん周囲の人たちからはやさしくていい夫と思われているに違いない。

そんな状況にあれば、夫への違和感を募らせるマサコさんのほうが悪いという評価に落ち着くことになる。

この二点をマサコさんに伝えると、彼女は目を輝かせて頷いた。後者について、私はこう提案した。この話法の上を行くのはとても難しいので、もしこの話法を夫が用いたら、「あなたの主張はよくわかりました。今おっしゃったことは**あなた**の意見なんですね」とボールを打ち返しましょう、と。

予期せぬ力関係の変化

二ヵ月後のカウンセリングでマサコさんから聞かされたのは、夫の話法がすっかり鳴りを潜めたということだった。彼女が手ぐすねを引いて、夫の論法に巻き込まれないために準備していたにもかかわらず、である。かわりに不遜な態度が復活した。

「夫は母親が大好きなんですよ。いつも『あんたはすごい』と持ち上げてくれますので。夫が言ってほしいことを言ってくれるのは、義母だけなんですよ。その義母から再び夫はちやほやされるようになったんです。夫の妹が義母の近くに住んで、いずれめんどうを見ると言ってたんですが、義妹と義母が決裂しちゃったんですね」

コロナ禍は、マサコさんの義妹一家を直撃した。二人の子どもを有名私立大付属高校に通わせていたのだが、義妹のアルバイト先のシフトがほとんど入らなくなり、おまけに彼女の夫の経営するアパレル会社が倒産したのだという。

義妹は、困った挙句に実家の両親を頼ろうとしたが、義父母は、世間体が何より大切な人たちだった。倒産した娘一家を救うよりも、長男を持ち上げて老後を息子に頼ることを選んだ。一流会社勤務の長男にすり寄って、娘一家を捨てたのである。

こうしてマサコさんの夫は、再び親の期待通りの自慢の長男という地位を獲得した。自分より妻のほうが収入があること、会社では昇進コースから外れたこと、そんな不安からなんとか妻との関係を形だけでもつなぎとめたいと思った。だが彼なりの家事分担の努力は、もう必要なくなったのである。その途端、夫の口調は前に戻った。「洗濯物、入れといてやったぞ」「今夜はひさしぶりに、煮魚が食べて～な」といった具合に。

しかし、カウンセリングで夫の話法の正体を知ったマサコさんは、その変化に動じなかった。むしろいろいろなことがわかりやすくなって、すっきりしたほどだ。

それに、夫の受け皿として実家が機能することがわかり、楽になった。いざとなれば、夫には広い実家に戻ってもらえる。

マサコさんは細々と貯蓄を続けていたので、収入が今より減ることがないなら、小さなオフィスを借りることもできるだろう。そうすれば、仕事のためにという口実で、合法的な別居ができるのかもしれない、そんな希望が現実味を帯びてきた。

夫に残されたのは、両親（なかでも母親）にとって「自慢の息子」であるという勲章だけなのだ。それを支えに生きるしかない夫、「使い物にならなくなった」娘から長男に乗り換える義母。彼らの思惑どおりに事が進むことを、ニコニコして後押しすれば、マサコさんはいい妻・いい嫁になれるだろう。この三者全員にとって望ましい関係の中で、今後夫との生活をどうしていくのかを考えていけばよい。

長期化するコロナ禍は、まるで長引く鈍痛のような影響を日本中の家族に与えた。コロナに感染しなくても、暴力をふるわれなくても、マサコさんのように否が応でも夫の実像を突き付けられる女性は多かったはずだ。耐えられたものが耐えられなくなる。こんなふうに限界を呈する夫婦がどれだけ多いことだろう。言い換えれば、日本の夫婦は夫が家にいないことで、顔を合わせる時間が少ないことで、崩壊を免れていたことになる。

いっぽうで、マサコさんの義妹一家のように、コロナ禍に直撃され、倒産・失職した人たちは膨大な数にのぼるはずだ。経済力の喪失は、そのまま家族の力関係を大きく揺るがすことになる。このような変動は、目に見える悲劇ではないものの、まちがいなくコロナ禍という厄災がもたらしたものだと思う。

（二〇二一年一〇月）

第8章 私の体と母の体

予知夢

カウンセラーとして私がこれまでお会いしてきた女性の中には、予知能力と言ってもいいような力を持っている人が何人もいた。例外なく彼女たちは、親からの過酷な虐待を受けて生きてきた。

幼いころ、突然物を投げつけられたり、首を絞められたりする生活を送っていると、束の間の平穏が訪れると、安心するどころか却ってそれがいつ断ち切られるかという不安が増す。そして、次にやってくる親からの攻撃・暴力の予兆を、どんなかすかであっても逃すまいとして全身のアンテナを張り巡らせる。日常的にこのような訓練を行っているのだから、ある種の予知能力が育っても不思議ではないだろう。

名古屋に住むある女性は、一日前に阪神・淡路大震災を予知していた。一九九五年、一月一六日の朝めざめたとき、不意に西のほうで大きな災害が起きると思った。予知はいつものように高いところから降ってきた。翌日一月一七日の早朝のニュースを目にして、彼女は「またか」と思った。予知できたことを口に出すまいという禁忌《きんき》がいっそう強くなっただけだ。

小学校六年のとき、二月には、受験した中学校の合格発表の前に、自分が合格することも予知できた。友人にそのことについて口を滑らせたために「裏口入学ではないか」という疑いを掛けられてしまった。それ以降、誰にも予知のことは話さないようにしてきた。

第1章に登場したくにさんもまた、この女性と似たような体験をしている。彼女もまた予知能力とも言うべき不思議な能力を持つ一人だ。くにさんは、一昨年の冬、夜空の星雲のただなかを漂っている夢を見た。ものすごいスピードで宇宙《そら》を飛んでいるのだが、あまりに星雲の輝きがまぶしくて目が覚めた。これまで見たこともない夢だった。時計を見ると夜中の一時だった。寝直そうと目を閉じたのだが、あの星雲のまぶしさのせいかなかなか眠りにつくことができず、ずっと胸のあたりがざわざわとしていた。病院から父が亡くなったという連絡が入ったのは、その直後だった。あの夢は、父が亡くなる一時間ほど前のことだった、ひょっとするとあれは父の死の予知夢ではなかったのか。先に述べた女性のように、くにさんも「またか」と思った。

それからのできごとは、順を追って記すことも大変なほど、慌ただしいものだった。第1章で詳述したが、くにさんの体験について改めて説明しよう。くにさんは、首のまわりの不快な症状に苦しんでいた。彼女は幼いころの記憶が、結婚を経て出産してから徐々に想起されるようになった。母から虐待された記憶がよみがえったことで、衝撃のあまり寝込んだりしたが、いちばん困ったのは自分から娘への虐待的行為がひどくなったことだった。一九九〇年代はまだ虐待について理解ある援助者が少なかったが、さいわい彼女は保健所経由で、あるグループにつながった。数少ない母親支援のグループに一年以上参加することで、彼女は母親に首を絞められた記憶を思い出したのだった。首のまわりのなんとも言えない不快な感覚は、あのときのフラッシュバックではないか。カウンセリングでそう話すくにさんに、私は「首を絞められる」感覚を、単語の頭文字をアルファベットで表現するタレントのDAIGOにならって、DAI語で「KS」と名付けたのである。フラッシュバックの対処法のひとつに、回数を記録するというのがあるが、DAI語にすることで、やりやすくなると考えたのだ。

彼女はまた、右足に原因不明の痛みも抱えていた。カウンセリングには、杖をつきながら最寄りのJRの駅から二〇分近くかけて歩いてやってくる。痛みは実家にしばしば帰るようになってから始まったというので、これもくにさんの体験と関係があるのかもしれない。KSは、週一回程度の実家訪問のあとに必ず強まるのだった。両親に会うと、なかでも母と関わると、眠る前のKSが強まる気がした。

コロナ禍の葬儀

コロナ禍では葬儀が最低限の親族に限定されたこともあり、近所の寺でくにさんと娘、母の三人で父を見送った。近年会うこともまれだった父の兄弟や、福島の母の親戚にも、くにさんが実家の電話帳を探し出して連絡をした。

父の死後、それまでのくにさんの生活はいやおうなく大きく変わった。

母は何もしなかった。しなかったのか、しようとしたけれどできなかったのか。くにさんにはわからない。そんなことを考える暇もないほど、役所や銀行とのやりとり、父の遺品の整理が一気に押し寄せた。

くにさんは、毎日自転車で実家に通わざるを得なくなった。杖をついて歩くより自転車のほうが楽だったのもあるが、何より一〇分足らずで着けるのがありがたかった。母は、葬儀が終わってから、自分の布団で寝ようとはしなかった。「あの晩、お父さんが呻いて怖くて怖くて……119番に電話して救急車が来て……」

母は、布団で寝るとあのときに戻ってしまう気がすると繰り返した。母は居間の炬燵に入ったまま眠るようになった。

三世代の流れ

くにさんが毎日実家に行き、いろいろな手続きをするようになったのと並行して、母の認知症は坂から転がり落ちるように進行した。連れ出せばスーパーに買い物にも出かけた母が、家から一歩も出なくなった。炬燵で眠り、テレビを一日中見ている姿は、くにさんの中の何かを刺激したのかもしれない。昨日できたことが、今日はできなくなっている。昼食をとりながら、仏壇の遺影を見て「あれは誰なの、くに」と尋ねられたときには、さすがに驚いた。

「おかあさん、あれはね、お父さんなんだよ、お父さんが亡くなったから写真を飾ってる

「私は結婚したんだね……」とキョトンとした顔でくにさんを眺めた。「そうだったの？　あれはお父さんなの？」「私は結婚したんだね……」とキョトンとした顔でくにさんを眺めた。

その表情を眺めながら、くにさんは自分の娘が幼かったころを思い出した。ランドセルを買って小学校入学に備えているとき、娘がどうして学校に行かなければならないのかと尋ねた。

「小学校に行くとね、いっぱいお友達ができるんだよ。いろいろなことを勉強できるんだよ。勉強は楽しいからね」と説明したが、そのときおぼえた感覚とそっくりだった。

記憶が少しずつ失われていく母に対して、できるだけ声を荒げないように、冷静に対処しなければと努力をする自分は、娘に対してなんとか穏やかに説明しなければと努力していたあのときの自分と同じではないかと思った。

くにさんの中で、母、自分、娘の三世代が、つながった。それはどこか腹立たしい発見で、理不尽だという気もした。

「あんたは私の首を絞めたことがあるんだよ、そんなことまでしておいて、娘にこんなに世話されて平気なのか」

「何をしたかを自覚することもなく、こうやって認知症の世界に逃げ込んでしまうなんてずるいじゃないの」

「ずっと苦しんできた娘を目の前にして、こうやって甘えてわがまま放題でいられるなんて贅沢じゃないか」

「あんたを殺すことだってできるんだよ、首を絞めて殺すくらい簡単にできるから。この歳で逮捕されるのはいやだから、そんなバカげたことはしないけど。でも忘れられないことが多すぎて、今でも精神科やカウンセリングに通ってるんだ。それがあんたの娘なんだよ」

こんな言葉が母の世話をしながら、くにさんの頭の中を駆け巡るのだった。

そんなとき、くにさんは、父の位牌に向かっていつも心の中で話しかけた。

「お父さん、どうかお母さんを正気にもどしてください、お願いします」

不思議と、そうやってくにさんが仏壇に向かったあとは、一瞬だけ母の世界は明晰さをとりもどすのだった。

「私以外の誰がいるんですか?」

くにさんは、自治体の相談窓口や保健所に電話をし、ケアマネージャーの訪問をセッティングした。要介護認定してもらい、介護保険を使ってヘルパーさんを依頼しようとしたが、母は頑として拒否した。自宅に他人が入るのだけはいやだ、と主張した。

その後デイサービスを見つけ出し、見学に一緒に行った。驚いたことに、母は同世代の女性とはふつうに世間話ができるのだった。そして小学校時代の唱歌を歌ったりしたのだ。父の一周忌を迎えるころに、なんとか週に三回はお迎えのバスに乗ってデイサービスに出かけるまでになった。


カウンセリングにやってきたくにさんに、この一年間の介護の苦労をねぎらいながら聞いてみた。

「どうしてそこまでやるんですか？　体の痛みも残ってますし、一年経って少し手を引けるところはないんでしょうか」

くにさんは、それに対してきっぱり言った。

「ほかに誰もいないんです。私がやらなければどうなるんですか？　私以外の誰がいるんですか？」

「……」

返す言葉はなかった。おそらくその通りなのだろう。私は軽くうなずきながら、同じ反応をこれまで何度も見てきたと思った。

振り返れば、一九九〇年代、アルコール依存症者の妻のグループカウンセリングで何度も同じ言葉を聞かされた。

病院を退院してきた夫が、わずか二週間後に再飲酒をしてしまった。それからというもの、夫は動けなくなり、時には失禁をしてしまう……そう語りながら憔悴した表情を見せる女性たちに対して、少し手を引くことはできないのかと質問したことがある。そのときの彼女たちの反応はまったく同じだった。

「私以外の誰がいるんですか？　私が見捨てたら夫は生きていけないんですよ」

主客の逆転――かけがえのない存在になる

当時四〇代だった私は、それこそがアルコール依存症者の妻の特徴だと思った。アメリカから輸入された「共依存」という言葉でそれを理解しようとした。

世話焼きがアルコール依存症を悪化させる、彼女たちが距離をとり、夫の世話から手を引くことで夫は底をついて回復に向かう……そんな単純な図式で彼女たちを切り取ろうとした。

ここで少し説明しておく。「底つき」とは、もともとアメリカでAA（アルコホーリクス・

アノニマス）に参加している人たちが、体験談を語りながらつくり出した言葉だ。「私はなぜ今、酒をやめていられるのか、それはあの時、底をついたからだ。飲酒によって健康も、家族も、社会的地位も失い、底をついたから酒をやめようと思えた」というように過去を振り返って用いられる。ところが家族や専門家は、それを「底つき」によって酒がやめられるというように、まるで断酒への特効薬のように用いたのである。

「私が世話しなければ死んでしまう」という妻たちの言葉に込められたものは、「私はかけがえのない存在だ」「私が夫の生死の鍵を握る」という満足感ではないか。苦労に満ちた毎日を支えるのは、そんな「誰かにとってかけがえのない存在である」という感覚ではないだろうか。

いや、それだけでは不十分だ。そこに「被害」という経験を加味しなければならない。トラウマについての知識を補助線にする必要があるだろう。殴られ、罵られた経験（被害、トラウマ体験）と、そのような満足感はつながっているのではないか。そこに支配の快楽はないだろうか。力関係において、支配された自分が支配する側になったという満足・快楽が存在しないと言えるだろうか。そもそも圧倒的に力の非対称性がある中でそのような感情がわきおこることを考えなければ、単なる妻たちの病理として片づけられてしまう。

自分に恐怖を与えた夫が、こんどは自分のケアがなければ死んでしまう存在になる。自分を殺しかねない相手が、自分がいなければ生きていけない存在になる。

このような関係の逆転が世話や介護のエネルギーになるという構造は、共通していると思った。

ケアをしながら、得られなかったケアを受ける

くにさんの話にもどろう。デイサービスに行かない日は、母はいつも「もうあんなところになんか行かない」と言いながら、炬燵に入って過ごしている。最近は、トイレに行くことも億劫だという。デイサービスではちゃんとトイレに行くし、下着を汚すこともない。そのことも、くにさんにはわかっている。

「一昨日不思議な経験をしました。トイレに間に合わなくて、下着を濡らしてしまった母の体を拭いていたときに、目の前にいるのが自分みたいな気がしたんです。幼い私が母に体を拭かれていると感じたんです」

「たぶん、私が幼いころ、母は精神的に不安定だったと思います。包丁が飛んできたり、弟が殺されそうになったり、私も首を絞められたりしたんですから。記憶にあるかぎり、穏やかでやさしい母の姿はどこにもなくて……」

「トイレで母の下着を脱がせて、タオルで母の下半身を丁寧に拭きながら、拭いているのは私なのに、まるで私が拭かれているような感じがしたんです。できるだけやさしい声で『もうきれいになったからね』と声をかけると、幼い私がそう言われているような気がしました」

くにさんの言葉を聞きながら、ああ、そんなことが起きるのか、母の体をとおして自分の体がケアされる、そんな感覚が生まれるのかと驚いた。

自分が一度も母から受けたことのないケアを、母のケアを行いながら、主客の逆転によって、自分が受ける経験を得るとは。

たとえばこれを「インナーチャイルド」といった表現で解釈する人もいるかもしれない。私はそれにには同意しない。「自分で自分の中の小さな子どもを癒す」といった内閉的な関係ではなく、自分を虐待した母のケアを行いながら、母が一度も与えたことのないケアを得るのである。そこには、主客の逆転、いやそのような表現でも言い尽せないものがあるような気がする。

これは、くにさんが母に勝利したことの表れなのかもしれない。自分の人生に修復不能なほどの被害を与えた親との関係性において、これ以上の結末はないのではないか。

一度たりともケアを与えなかったどころか、子どもの人生を奪ってきた親とどう向き合うか。この疑問に対して、くにさんの経験はただの「美談」ではなく、ひとつの可能性を示しているように思う。

母に虐待された娘が、母の介護に直面したときのパターンは簡単に分析できる。ひとつは、介護拒否、介護から遠ざかるというものだ。義務ではないのだからこれは可能である。ふたつめは、我慢して介護することで、娘の側が体力的メンタル的にまいってしまう例である。これはしばしば自分の子どもにグチを言ったり、子どものネグレクトにつながったりする。

もうひとつは、過去は水に流して、自分は母のことが好きになったから介護するという自己暗示をかける方法だ。周囲から褒められることでこの自己暗示はしばしば成功するかに見える。しかしそれほど長続きしない。高齢者虐待の多くはこの限界によって起きるのかもしれないと思う。

くにさんの場合は、これらのいずれでもない。

自分の娘に対して、虐待を回避するために「冷静に、やさしく、ゆっくり、丁寧に」言葉をかけるように努力してきた。そのことが母に対しても役立ったのだ。だからこそ、客体である母へのケアが、まるで自分に向けられたかのような気がしたのである。そこでは、母は介護される身体以外の意味を持たなかった。

虐待する母は、子どもの自己評価をおとしめることで、子どもの人生の根幹を支配してしまう。娘たちは終生、母からの評価とまなざしから逃れられなくて、そのことが前述の介護パターンにつながっていく。

しかし、くにさんはそうではない。くにさんは、母を許したり好きになったりしたわけではなく、人として当たり前のことをやろうとしただけだった。親として娘にとるべき態度を、自分の母にとっただけだった。その結果、くにさんは母へのケア行為が、そのまま自分へのケア行為であるかのように思えたのだ。母と自分が一体化したわけでもなく、まるで自分がケアされている、そんな気持ちになったのである。これは、すでに述べたパターンを超えるものだ。母がどうでもよくなったという点で、母に勝利したとも言えよう。

このエピソードはともすれば「美談」にされてしまうだろう。お母さんと一体化した美しい介護の姿ね……などと解釈しないでもらいたい。その点だけは読者にお願いしておきたい。

（二〇二二年一月）

第9章 語りつづけることの意味

玄関の向こうは人権のない世界

さまざまな被害を受けた人たち、それを被害と認識することも許されなかった人たちのことを思う。そして、許さなかった人たちとは誰なのかとも思う。

歴史をたどれば、性別・ジェンダーを問わず膨大な数の人たちが、理不尽で抗《あらが》いがたい被害を受けて、生命を落として消えていった。その犠牲のもとに、「私」「自己」「自我」といった近代の概念が誕生し、人は存在するだけで尊重されるべきという「人権（ヒューマンライツ）」の概念が誕生した。それがどれほど大切か、どれほど大きな意味を持つのかは、強調しすぎることはない。

日本で、人権概念が家族の中に及んだのは、二〇〇〇年の児童虐待防止法、二〇〇一年のDV防止法が成立してからである。玄関の扉を閉めたとたんに、人権概念は通用しなくなってしまう。狭いコンクリートのマンションの一室で繰り広げられる凄惨な虐待は、親にしてみれば遊び感覚でペットをいじめて笑うことと違いはないのだ。人権などそこには存在せず、我が子なのだから思うままにできると思っている。悲惨な子ども虐待死事件が報道されるたびに、家族の中では人権はないという現実が、今でも変わっていないことを痛感する。親はいかなる理由があろうと、子どもという存在の権利を侵してはならない。これを繰り返し強調しつづけなければ、家族における親の愛、配偶者への愛と、虐待やDVといった暴力=人権の侵犯はやすやすと地続きとなってしまうのだ。家族におけるこのような被害と、国家間の被害は相似形である。強い大国が弱い小国に侵攻しても罰せられないという現実を、このところウクライナ侵攻で見せつけられているから、そう思う。家族が無法地帯であり、人権侵害の危険にさらされていることと、国家による侵略や戦いが絶えないことは同じことなのである。このような視点からずっと家族の問題を考えてきた。

世代間連鎖への恐怖

くにさんは、認知症が進行しつつある母親を介護している。これまで書いてきたように、母から幼少期以来ずっと虐待を受けてきた。不意に包丁が飛んできたり、裸で屋外に出されたり、首を絞められたりした経験を持つ。

結婚、出産を経て、親になったくにさんは、成長するにつれて娘への数々の虐待的行動が止められず、援助を求めて保健所紹介の支援グループにつながった。

グループに参加し、同じ苦しみを持つ女性たちとのつながりを得たことがその後に大きな役割を果たすことになる。

『母が重くてたまらない』を上梓したあと、多くの女性たちがカウンセリングに訪れた。母娘問題が今では「毒母」というなんとも嫌な言葉に一部変貌してしまったことは嘆かわしいが、母との関係に苦しんでいる女性（男性）たちが、自分は援助を求めてもいいのだと思えたことは大きかったと思う。

あれからもう一五年近く経つが、今でも変わらないのは、「母と同じことをしてしまうのではないか」「ああなるかもしれないから結婚がこわい」「子どもを産むのがこわい」という女性たちが多いことだ。

男性は、母という異性の親に対しての距離感もあり、自分が同じことを繰り返すという恐怖は少ない。女性に比べて、同性の親との関係を見つめようとする男性も少ない。むしろ、「父と同じことをしてしまうのでは」という恐怖感をもっと持ってもらいたいと思うほどだ。

世代連鎖という言葉は、「連鎖してしまうものだ」という運命論として受けとられ、多くの女性を苦しめている。このことについては、拙著『後悔しない子育て――世代間連鎖を防ぐために必要なこと』(講談社、二〇一九)で詳しく書いたので読んでいただきたい。

私が伝えたいことは、運命的にそれをとらえる必要などないということだ。連鎖させる人もいれば、まったく違う親子関係を築いて生きていく女性たちも多いことを私は知っている。

抵抗できない強い磁力

くにさんは三〇年近く前に、世代間連鎖を自覚してそれを防ごうと努力したことになる。そんな女性が、果たして母親の介護をできるものだろうか。多くの女性たちはそう思うだろう。

前章で述べたのは、くにさんが母親の排泄の世話や下着を交換しながら、まるで自分がケアされているような感覚に襲われるという経験だった。この部分はとても重要な点だと思う。

虐待した母と私という対立的構図がどのようにして無化されていくのだろう。いや、無化というより溶解と言ったほうがいいのかもしれない。母が施設に入っていても、面会の前日から気分が重くなる、たった二時間の滞在なのにその後一週間ほど心身不調になるという女性は珍しくない。そのような母と自分とのあいだには何があるのだろう。深い谷間なのか、それとも近づくと猛烈な勢いで過去に戻されてしまう引力なのだろうか。過去に生じた無数の感情の記憶が一気に吹き上げるように甦ることもあるだろう。

私はときどきそれを「磁場」と呼んだりする。離れていれば生じないのに、近づくと抵抗不能な磁力で引き寄せられてしまうのだ。その先には、必死で離れようとした、なんとか脱出したと思っていた母によって統治される世界が待っている。

そんな世界に引き込まれることが予測されるので、母に会いたくないのだ。会った瞬間に作動する磁場や引力に対抗する覚悟がいるし、そのためには膨大なエネルギーが必要になる。その時間が終って帰宅すれば、あの異世界から現実に戻るためにまた時間がかかる。場の「気圧」も、空気も、時間もすべて狂ってしまうのだから、日常への帰還にはこれまた時間とエネルギーがいるのだ。

見知らぬ人に手を差し伸べるように

くにさんは言った。

「道端で転んで動けなくなった人がいれば、手を差し伸べますよね。母を介護するとき、そんな感じなんですよ。母だからとか、あの母に、とか考えないんです。道端にうずくまっていたり、公園で道に迷ってぼんやりしていたりする人みたいな。母だけど、見知らぬ人みたいな、そんな感じなんですね」

「だからあまり疲れません。手助けが必要な人を助けただけなんだから、疲れることなんかないですよ」


ＫＳと名付けた症状に困り、できるだけ母親に会わないようにしていたかつてのくにさんとは大きく違っていた。それは少しずつ起きたことなのか、何かはっきりとしたきっかけがあって起きたことなのだろうか。

「よくわからないんだけど、気づいたらそうだったんですね。たぶんカウンセリングに来ていることも大きいでしょうね。これ、サービスじゃないです(笑)。だいぶ前に言いましたよね、母が私の首を絞めた瞬間に、私の心はどこかに行ってしまったって。遠いところに飛んで行ってしまった気がするって。それがね、心がちょこっと戻ってきた気がするんですよ」

「戻ってきた？」

「そう、ちょこっとね。戻ってきた心が母の介護を助けてくれてるのかなって。……いやちょっと違う、そんな感じじゃないね」

そしてこうつけ加えた。

「一番大きいのはずっと話し続けてきたことかな。うん、カウンセリングに通いながら話し、三〇年近く付き合っている仲間とも話し続けてきたことが大きいと思う。コロナで会えなくなっても、電話で話してきたし、ときどきは会ったりしてるし」

「仲間」の存在

くにさんが娘への虐待的行為に困り、支援グループにつながったことは何度も述べた。そのときのメンバーがずっと彼女にとっての仲間なのだ。「仲間（ナカマ）」には独特の響きがある。アルコール依存症をはじめとするアディクションの自助グループに参加するメンバーは、お互いを仲間と呼ぶ。最初にこの言葉を聞いたときは、なんだか時代が違うような、そんな違和感があったが、彼ら彼女たちが回復のプロセスでつくりあげる関係性は、まさに「ナカマ」という響きでしか言い表せないものだった。くにさんにとっては、三〇年経った今でも仲間のままであることが、アディクションに長年かかわり自助グループの雰囲気を知っている私にはよくわかった。

仲間に対してくにさんは、もう三〇年以上も母との関係を話し続けてきたのだ。カウンセリングに行った、精神科クリニックに行ったという話や、いわゆる援助者との関係についても、仲間に伝え続けてきたのだろう。

話が逸れるようだが、私が自分の仕事や文章を発表したあと一番気になるのは、当事者からの評価である。専門家や同業者からの反応は、大して気にならない。そもそもあまり理解されるとは思っていないのである。おそらく、くにさんは仲間と私たち援助者の評定を行ってきたに違いない。あのカウンセラーはね、あの精神科医はね、と。そのことに私たち援助者はもっと敏感でなければならない。

カウンセラーは、お客様のご意見箱をもっと気にしなければならないと思う。近年カウンセリングに訪れるクライエントのことをユーザーと呼ぶ風潮があるが、もしそう呼ぶならどうしてもっとユーザーの評価を気にしないのだろう。

ネットで派手に宣伝している自称カウンセラーだって、ユーザーの満足度を得ているから成り立っているのだろう。専門性と顧客満足度が一致しないとしたら、満足度を高めるように努力すべきなのだと思う。

くにさんは仲間と専門家の品定めをしながら、長きにわたって母のことを話し続けてきた。カウンセリングでの経験は、その基盤に支えられていたのである。そのことを確認して、ああ似たことを体験した、と思い当たった。女性のアルコール依存症者のグループカウンセリングを実施していたときに、彼女たちが自助グループに参加してその仲間とつながることで酒や薬をやめていったこと、そしてカウンセラーである私が果たした役割は彼女たちの回復のごく一部にしか過ぎなかったことを思い出したのである。

語りつづけること

「繰り返し同じことをしゃべっているみたいですが、それが違うんですよ。仲間も変わるし、年を取るし、話していることがやっぱり変わっていくんですね」

「あるときもういいかって思ったことがあって。それはびっくりでしたよ、話しながらなんて言うのか、必死さが変わってきたんですね。前はこの泉の水を飲まなきゃ脱水で死んじゃう、みたいな感じだったんだけど。だんだん、水を飲まなくても別にいいか、みたいな感じになってきたんですよ」

「父が亡くなって、勝手にですが父も仲間になったんですね。仏壇に向かって心の中でつぶやくことは、仲間に聞いてもらってるのと似てるなって。だから、父が死んで仲間が増えて、それと同時に母に介護が必要になって、不思議ですが重なってるんですよ」

そうだったのか。父が生きているあいだは、母と父は一緒に暮らしていたので、母のことを父に説明することは不可能だった。しかし父の死を予知できたくにさんのことだから、不思議な能力を発揮しているのかもしれない。自然と、仏壇の前に行けばいつでも父に話ができるようになった。正気を失ったかのような母のことも、仏壇の前で話せた。

「お父さん、どうかお母さんを正気にもどしてください」

そう祈った瞬間、ふっと母の目は正気にもどったと、くにさんは感じた。

見知らぬ人になって母も変わった

くにさんは続けてこう語った。

「不思議なことに、見知らぬ人が困っているから助けている、と思えるようになったら、母がちゃんと私に話をしてくれるようになったんです。それまでは、デイサービスに行かない、行く、と言って散々困らせたりしたんですが、それが減ってきたんです。

前から『くにはかわいいね』ってご機嫌とったりすることがあったんですが、最近はお礼を言うようになったんですよ。ありがとうなんて言われたことなかったんで、おったまげちゃって。こちらも、肩の力が抜けたのか、ごはんをつくって食べさせることも、前よりちょっと手抜きするようになったんです。

先日いつものように、トイレまで連れて行って、下着を交換してやっていたら、母が突然言ったんです。

『わたし、くにを産んでもよかったんかね』

『よかったんだよ、おかあさん、私を産んでよかったんだよ』

反射的にそう口から出たんです。

『でもなんでそんなこと思ったの？』

『こんなことさせて、毎日毎日。わたしがくにを産んだからこうなったんだろ。くにを産んでもよかったんかって』

母の言葉にびっくりしたんですが、思わず口から出た私の言葉にもびっくりしました。ずっと生まれてこないほうがよかったと思ってきましたし、なぜ自分を産んだのかと母を責めてきた私が、産んでよかったと言うなんて。

それは、母が私を産んだことを肯定する言葉ですが、いっぽうで生まれてきた私を肯定する言葉でもあるのかなって思います。

その一分後には、もう母は自分が何を言ったか忘れてしまっていましたが、あの言葉は忘れられません。たぶんそれは、見知らぬ人を助けるように母の介護をするという私の中の変化が母に伝わったからではないかと思います。

あの言葉がどう影響しているのか説明は難しいですが、きっとそうに違いないと思います」

代弁するということ

お読みになっている方は、だんだんくにさんの言葉と私の言葉が重なっているのに気づくだろう。

くにさんは実在しない。私が勝手に頭の中で造形した存在だ。と言いつつも、数多くのこれまでお会いしてきた女性たちの姿がそこには凝縮・濃縮されている。彼女たちは私に何を期待しているのだろう。もちろん直接頼まれたことはないが、私は「代弁」してくださいと言われている気がする。

　当事者のことは当事者が語る、このあまりにも正論過ぎる主張に対して何も言うことはない。しかしそれは代弁と対立するものではない。

　私は個人の代弁をしているのではない。類似の、あるいは共通の問題の「構造」をとらえて語りたいのだ。本書に登場する人物の描写には私が勝手に「相似形の構造」ととらえる視点が入っている。当事者の書かれたものとの違いがそこにはあるだろう。この世の誰もとらえたことのない「相似形の構造」を見いだし、その視点から被害にあった人たちの声を代弁する。私にとって文章を書くというのは、そういう行為なのではないかと思っている。


（二〇二二年三月）

第10章 むき出しのまま社会と対峙する時代

時代の空気がわからなかったあのころ

今年の冬は寒かった。底冷えのする日が三月になっても多かった。年齢のせいかもしれないが、四月中旬というのに、こうやって原稿を書いていても足元からしんしんと冷えてくる。

にもかかわらず、桜の開花は例年より早かった。その後、雪が舞いそうな花冷えの日々がつづいたおかげで、桜の盛りを長く眺めることができた。強風に舞い散る花吹雪の中を歩みながら、道路わきの家の庭にふと目をやると、バラのつぼみが少し膨らんでいた。

まるでジェットコースターのような今年の自然のありさまは、吉兆というより、どこか破れかぶれのように思える。自然の営みなどという牧歌的な言葉が嘘くさく思えるのは、目に飛び込んでくるニュースがどれもこれも悲惨で、私自身がヤケクソになっているからなのかもしれない。

時代の空気という言葉がある。

若いころ、私はこの言葉に特別なものを感じていた。時代の空気を鋭敏にキャッチできるような人が羨ましく、自分も「ああ、時代の空気は今〇〇〇です」などと言えるようになりたかった。言い換えれば、時代の空気なんて私にはまったくわからなかったのだ。暗い時代とか、陰惨な空気に満ちた時代といった表現を雑誌や本で読むたびに、こんな感性を持ちたいものだと思った。

世界の転換期ときいて一九九〇年前後をイメージする人は多いだろう。東西ベルリンの壁が崩壊し、ソ連がなくなってロシアとなった。日本ではバブル経済が崩壊し、それに続いて経済の低迷状態が始まった。こう書いていても、私自身はその時代を生きたはずなのに、あまり強い印象がない。のちに「ああ、あれはバブルだったのか」と思ったが、何の恩恵も受けなかったせいもあるだろうが、時代（社会）に対して無感覚なのは、当時私が二人の子育てと仕事に追いまくられていたことも影響しているだろう。四〇代前半の私は、カウンセラーとして働きながら、毎日一八時には帰宅する日々だった。食事づくり、掃除、洗濯などに忙殺され、中学生と小学生の子どもの世話でせいいっぱいだった。当時から「私の人生に必死という言葉は存在しない」と豪語して余裕をかましていたけれど、それでもやはり大変だった。

研究会や学会、会合などはすべてシャットアウトしていたので、男性たちが何の障壁もなく夜の研究会に出席する姿を見て、私があの状況なら彼らの一・五倍の成果を上げられるだろうと考えることで、ひそかに溜飲を下げていた。

当時の私にとって、「守らなければならない存在」である二人の子どもが優先順位のトップであり、仕事はその次であり、そのぶん経済力では夫に依存するという、よくある構造の中で生きていたのだ。そんな日々において、バブル崩壊とかソ連崩壊とかいうものは蚊帳の外で起きている事象に過ぎなかった。時代の空気なんて感じることもなかったのだ。

重層的厄災

もうひとつ時代の空気を感じにくい理由がある。一九九〇年前後の日本全体を見わたすと、伊豆大島三原山の噴火による全島避難（一九八六年）、雲仙普賢岳火砕流発生（一九九一年）などといった災害は発生しているが、もし比較することが許されるのなら、現在、私たちが影響を被っているような広範囲あるいは長期にわたる甚大な厄災は少なかった。

その後一九九五年の阪神・淡路大震災は、都市型の大震災として大きな影響を与え、トラウマという言葉が日本で定着するきっかけともなった。

しかし、二〇二二年の現在、私たちが直面している厄災は、その重層性において過去に比類がないと思う。

・コロナ禍が長引き、収束が見えないこと（一〇〇年に一度というパンデミックの襲来）
・気候変動（待ったなしと言われる地球温暖化）
・ロシアによるウクライナへの侵攻（大国による小国への国際法違反の軍事侵攻）
・多発する地震（震度4以上の地震が各地でつづき、東北新幹線が脱線した）

さらに加えるとすれば、二〇一一年の東日本大震災に端を発する福島原子力発電所の事故処理の停滞だろう。これは明らかに人災だがもはや厄災に近い。

ロシアの軍事侵攻を厄災と表現するのは正確ではないが、自然の猛威によるものでないとしても我々はなすすべもなく圧倒されるしかないのだから、ここではこれも厄災と呼びたい。

どれかひとつでも大ニュースなのだが、それが一気に襲っているのが今なのだ。これらが日替わり定食のように連日メディアをとおして報道されている。もはやウクライナの惨状報道は、ワイドショーの定番と化しているほどだ。三月に東北地方を震度6強の地震が襲い、首都圏でも停電が相次いだときは大騒ぎだったが、すぐにまたウクライナ侵攻のニュースにとって代わった。

二〇二〇年のパンデミック到来、オリンピック延期、緊急事態宣言などを経て、いまや日本では人々のマスク姿が常態と化した。テレビで見る取材光景も全員マスク姿だ。アルコール消毒も津々浦々で習慣となっている。

カウンセリングの光景も様変わりし、透明なパネル越しで行なったり、オンラインも当たり前になったりした。先頃、私は、原宿カウンセリングセンターの顧問になったが、以降も、四種類のグループカウンセリングをオンラインで実施している。

いまや、パンデミック以前が遠い昔のようだ。つくづく、人間の適応力には感嘆させられる。まるで保護色で変身するかのようだ。緑の葉に紛れるように緑色になる昆虫、雪が降る冬になると白色になるライチョウのように、環境に従って自らを変えることで生き延びていく生物と私たちは似てはいないだろうか。

非常事態がいくつも重なると、非常事態が常態となる。何十年ものちには（私はおそらく生きていないだろう)、二〇二二年は重層的厄災の年として語られるだろう。

JRの車内はほぼ満員に近くなり、繁華街では夜間も人出が戻った。でも何かが違う。おそらく誰もが「時代の空気」を感じているのだ。一昨年の同じ頃、七都道府県に緊急事態宣言が発出され、がらんとした人気のない新宿駅の光景を目の当たりにしたが、それは二〇一一年の東日本大震災直後の新宿と同じだった。今、街を行きかう多くの人たちの脳裏にもきっとあの閑散とした景色が刻まれている。その記憶とともに常態化した非常事態を、私たちは生きている。

誰かに起きた暴力が、自分の痛みをよびさます

保護色に染まるかのように適応し慣れ切っていくいっぽうで、ひそかに、少しずつ変化しているものがある。

それは「暴力」「性暴力」の加害への認識である。ジェンダーの視点から、当たり前とされてきた男性目線のカルチャーが見直されているのだ。

被害者のカムアウトはこれまでもあったが、それが明確な「加害者」特定と糾弾につながりつつあるのは今だからだろう。

アカデミー賞授賞式でのウィル・スミスによるプレゼンターへの暴力の場面は、全世界に瞬く間に動画で広がった。ウィル・スミスに対する厳しい措置は、おそらく日本の映画界を震撼させただろう。ほぼ同時期に、日本では俳優や映画監督による性暴力が明るみになり、次々と被害者の体験記や告発がネット上で公開され、映画監督有志による暴力反対の声明が発表され、その動きは出版界にまで及んだ。文壇の大御所作家によるセクハラが、被害者による告発によっていくつか表面化している。twitterでは「文学界に性暴力のない土壌を作りたい」というハッシュタグができて、多くの女性作家たちが賛同しつつある。twitter上では、この動きに対してこれまでのようなバッシングが見られないのは気のせいだろうか。

誰かの身に降りかかった暴力が、自らの被害の記憶と交差することがある。ウクライナ侵攻によって起きている暴力もその意味では、地続きである。国家の暴力性が露わになることで、きわめて個人的な性暴力が表面に浮上してくることは、よく考えてみれば不思議ではない。

ロシアによる侵攻に伴う略奪や性暴力と、日本における映画関係者による女性への性暴力を同列にしていいのかという意見もあるが、私は同じだと思う。戦時や災害時の性暴力と、多くのセクハラや性的搾取は構造的には同じである。加害者である高名な作家や映画関係者たちは、女性は「女」という生き物だが人間ではないと思っているのだろう。自分と同じ人間だと思わないから、あのような行為ができるのではないか。同じ人間ではない、性的対象でしかないと思うから勝手に身体に触ったり、性交渉の同意なんか必要ないと思うのだろう。私自身は幸いにもそんな経験が少ない方だと思うが、それでも振り返ればザラッとした、喉元に刺さった小骨のような記憶がいくつかある。

トラウマ被害については多くの研究によってその深刻さが明らかになっている。中でも、フラッシュバックがその後の人生に強い影響を与えることがわかり、あらゆる暴力の否定が共通認識になりつつある。

つまり、過去に傷つけられた人は、適切にケアされなければ、その後の人生において脆弱性が高まるのである。思いがけないことが引き金になって、トラウマのフラッシュバックが生じるので、オーバーに言えば地雷の中を歩いているような日常となる。たとえば、二〇二一年末の、ミュージカルスターの投身自殺や、大阪の心療内科放火事件を記憶している方も多いだろう。トラウマを経験した人にとっては、事件報道が他人事ではない衝撃をもたらすのである。他人事として物事を見聞きできることで、私たちは生きていける。たとえば、ホテルから飛び降りた女性のニュースと自分とのあいだに適切な遮断幕を下ろすことで、自分の世界を守るのだ。

ところが過去に深く傷ついた人たちは、遮断幕を下ろすより先に、できごとの衝撃性が自分の世界に入ってきてしまう。戸締りをする前に侵入されるようなものだ。一見無関係な二つの事件を、わがことのように感じざるを得ない人たちはとても多いのだ。他人事にできるということは、冷酷で非情なことではなく、自分自身を守るために必要な作業なのだと思う。いずれにしても、ロシアのウクライナ侵攻の報道、その後の破壊と殺戮のニュースが、日本だけでなく、世界中のトラウマ被害の経験者に与える影響はどれほどのものだろう。重層的厄災と呼ぶしかない現実は、過去の被害に苦しむ人たちにとって過酷そのものなのだ。

しかし保護色にまぎれるだけが人間の適応ではない。自らのトラウマ被害を、新たな加害（攻撃）に転化することで生きる人も多いのだ。いじめられたら、もっと弱者をいじめてやるというように。

虐待されて生きてきた人がすべて、くにさんのように暴力を連鎖させまいと行動できるわけではない。傷ついた人のすべてが、他者を気遣おうとするわけではない。残念ながら、自分より弱い者を支配したり、時には暴力をふるったり不運に見舞われた人をあざ笑ったりすることで無力感を克服する人の方が多いと思うことすらある。

母親から虐待されて育った人が、こんなことを話していた。七三歳になる彼女の母は、脳梗塞の後遺症で半身麻痺が残っている。

「ひさびさに会ったら、母がいやに元気なんですよ。ウクライナのニュースを見ながら、ああかわいそう、ほんとにひどいね……って言いながらも、顔が輝いてるんです。たぶん、母のことですから、自分より不幸な人が増えるのを見て力をもらってるんですよ。この世にはあんなに悲惨な経験をしてる人たちがいると思うと、母はうれしくて元気がでるんですね」

彼女は、幼いころ高熱で苦しんでいる自分を見て心底うれしそうな顔をした母の姿が忘れられないのだった。母のことを、まるで腐った肉を栄養にする動物のようだと形容した。誰かの痛みを栄養にして生きる人もいる。

社会・国家とむき出しで対峙する時代

自分の身体を意識するのは、身体がままならなくなったときだ。そんな文章を読んだことがある。痛みや不調によって、私たちは自分の身体を意識する。同じことが時代の空気感にも言えるのかもしれない。

時代の空気なんて全然わからない。こう嘆いていたときは、幸いだったのかもしれない。厄災をいくつも体験することもなく、あの悲惨な過去の戦争も伝聞でしか知らず、ありあまる若さとエネルギーに満ちていたとき。それは今と比べれば、はるかに幸いだったと思う。時代の空気や社会的事象に影響され鋭敏になるのは、守ってくれる存在、守らなければならない存在がないからではないか。

幼い子どもが親の胸の中で眠るように、自分が守られているという感覚があれば、もしくは守らなければならない存在があれば、自分をとりまく社会や世界は遠くなるのではないか。政治的無関心にも通じるが、それはひょっとして幸せな状態なのかもしれないと思う。

身体がままならないときに身体を意識するように、空気のように漂っていた安心感が備給されなくなったとき、私たちは社会や国と、むき出しで対峙せざるを得なくなる。より弱い存在ほど自分に向けられた暴力に敏感になる。今、起きている様々な物事に右往左往する私たちの姿は、それを物語っているように思うのだ。

（二〇二二年四月）

第11章 慣性の法則と変化の相克
——一蓮托生を強いられる家族

非日常の日常化

リュウゼツランをご存じだろうか。竜舌蘭とも書くこの植物は、成長も遅く落葉しないため玄関脇などに植えられることが多い。同じ仲間に君が代蘭がある。一九五〇年代、私が通った小学校の玄関脇にも君が代蘭が植わっていて、のこぎりのような鋭利な葉の先端部分に触っては「痛い、痛い」と笑いながら友達と遊んだことを思い出す。

リュウゼツランの花は五〇年に一度しか咲かないとも言われているが、二〇二二年は、七月、八月にかけて続々と全国で開花のニュースが入っている。テレビのニュースでも流されるほどその開花は珍しいのに、それが各地で同時期に起きているのはどうしてだろう。

どこか不穏な感じがするのは私だけだろうか。

ロシアのウクライナ侵攻、異常気象による災害の多発に加え、七月には安倍元首相がカルト教団二世の男性によって殺害された。それによって、まるで蓋が開いたかのように、自民党と旧統一教会との密接な関係が明らかになり、東京オリンピックをめぐる賄賂疑惑の容疑者逮捕も始まったのだから、今年の夏はやはり昨年同様にハードだった。

本書のもとになっている連載は、二〇二〇年から始まるパンデミック（コロナ禍）が引き金になっている。タイトルに「厄災」という言葉を使ったのは、未知のウイルスによる感染症と人類が長いあいだ戦ってきたことを思い起こすためである。

正直、連載を開始したころは、二〇二二年の秋にはすっかりコロナ禍は収まり、世界は元通りになると思っていた。ところが、欧米ではノーマスクだが日本ではほとんどの人がマスクをしている。子どもたちのあいだでもマスク着用は常態化していて、なかには顔を見られたくないのでマスクを外したがらない子も増えたという。却《かえ》って気が楽じゃないのかと思う人も多いのだろう、すっかり定着してしまった。

非日常が日常化したとも言える今、あらためて二〇二〇年の春からのことをまとめておきたい。

カウンセリングが成立しなくなる？

二〇二〇年の年明けは、私の職場である原宿カウンセリングセンターの移転から始まった。冬休み明けに丸一日をかけて荷物を運び出し、新オフィスにすべてを収めた。一月末にはこれまでお世話になった方たちを招いて内覧会を行い、やっと落ち着いて新しい場所にも馴染みかけたところだった。そのころから中国の武漢における新種の感染症が報道されるようになり、中国政府は町全体を封鎖した。日本でも二月初めにはクルーズ船ダイアモンド・プリンセス号におけるコロナ集団感染の発覚という事態に見舞われる。

二〇二〇年三月一一日にＷＨＯがパンデミック宣言を行った。東日本大震災発生からちょうど九年目の日だったことを思い出す。二週間後には、小池都知事が緊急記者会見を行い、マスク姿で「週末の不要不急の外出自粛」を要請。ちなみにその日の東京の新規感染者数は四一人だった。これを書いている二〇二二年七月二八日の第七波ピーク時の東京の新規感染者数は四万四〇六人だから、単純計算で約一〇〇〇倍の多さである。四月七日には安倍元総理が七都道府県に緊急事態宣言を発出。一六日には全国にそれを拡大した。

さて、コロナ禍で誕生した流行語は「不要不急」「三密回避」だろう。聞きなれない言葉だったが、テレビの会見で小池都知事が繰り返すことで、瞬く間に日本中の共通語となった。夜の街を出歩かない、会食しない、おしゃべりしない、外出しない……。

それを耳にした私は、カウンセリングという仕事はもう終わりになるのではないかと思った。対面で話すこと、ましてグループカウンセリングで大勢が輪になって話すことは、まさに三密そのものだからだ。

せっかく新しいオフィスに移転したばかりなのに、カウンセリング（個人、グループ）そのものの根幹にある閉ざされた密な空間で実施するという原則が、ウイルス感染防止と真っ向から抵触してしまうとしたら、いったいどうなってしまうのだろう。いわゆる経済的基盤が揺らぐ不安に加えて、いつか自分も感染してしまうのではないかという生命危機の不安、そしてこの先いったい世界はどうなってしまうのだろうという前代未聞の事態の不安が重なり、私自身がどうしていいのかわからなくなってしまったのである。その後若手のスタッフたちの奮闘によって、ゴールデンウィーク明けにはオンラインカウンセリングを実施できる体制がつくられ、高齢者である私もPCに向かってグループカウンセリングを実施することにすっかり慣れた。そして現在に至る。

変わりたくない社会が生むひずみ

振り返れば、そのような強烈な不安の中で、コロナ禍以前に戻りたいと強く願っていた。こんな恐怖の中で生きるのはいやだ。外気に触れることが怖くてマスクをしつづける生活はいやだ。変化を好んでいたはずの私が、元に戻りたいと願っていた。そのことに気づいた私は考えた。突然外部から訪れた変化、それによって恐怖を強いられることに対して、私には「慣性の法則」が働いたのかもしれない。慣性の法則とはニュートンの運動の第一法則とも言われ、「すべての物体は、外部から力を加えられない限り、静止している物体は静止状態をつづけ、運動している物体は等速直線運動を続ける」と定義される。これを少し拡大解釈してこの章のタイトルにも使ったのだが、私たちの生活も、外部から手を加えられない限りこれまでと同じ状態をつづけようとするのではないか。当時はまだ正体不明の感染症だったが、日本の社会も、パンデミックを経験しても、それほど変わらないのかもしれない、そう思ったのである。

このことは今の日本を見ればよくわかる。パンデミック宣言から二年半が過ぎ、前代未聞の事態に慄《おのの》き、飲食業や観光業が深刻な打撃を受けながら、それでも社会は変わらないどころか、人々はますます内向的になり、人目を気にしマスクを手放さず、同調圧力を強めるばかりだ。

その変わらなさと、コロナ禍によって生じた社会経済的損失の影響を重ねてみよう。同じ状態に静止しようとする慣性が働いたとしても、倒産や失職、不況、物価高など経済的劣化の動きはひたひたと押し寄せ、どこかにひずみが生じるだろう。静止しよう、変わりたくないと思うことが、ひずみを生むことになるのだ。危機などまるで起きていないかのように、旧来の価値観にしがみつき、「にっぽんすごい」「家族はいいもの」と喧伝する船に乗りつづけようとしても、その船に乗れる人員はどんどん減りつづけ、いつのまにか船から海に落ちる人が出てくるだろう。いや、ひずみという言葉は、どこか外側から見た言葉であり残酷な気がする。しわ寄せという言葉もしかりだ。波に呑み込まれたり巻き込まれるのは、必ず弱者なのだから、当人にとってはもっと切実な言葉でしか言い表せない何かだろう。

変わりたくない社会と述べたが、社会という実体がどこかにあるわけではない。それを体現し支え、可視化させているものの内実は、家族は素晴らしいという幻想ではないかと思う。血縁や絆、愛情といった言葉によって修飾された家族こそが家族であり、それは「変わらずある」「ずっとつづく」ものとして、変化を拒むこの社会を支えているのだ。

例外として特権化される家族

日本の緊急事態宣言は、欧米のロックダウンとは異なる。イギリスやフランスなどは、公園を散歩している違反者を警察官がとりしまるほどの徹底ぶりで、これがロックダウンなのかと驚いた。そこには中世からヨーロッパを繰り返し襲ったペストの大流行の影響を見る思いだ。一六世紀のベネチアでは、人口の三〇パーセントがペストで亡くなったとも言われる。

国家が明確な意志を持って感染拡大防止のために権力を行使する姿は日本では見られなかったが、外出の自粛要請が意味するものは、公共の場に出る自由を奪い、人々を家族という空間に閉じ込めることであり、自宅・家族の中でしか自由が保障されなくなるということである。

国民への不要不急の外出を控えるようにという呼びかけは、ずっと自宅に留まりましょうというメッセージだ。感染予防のために人と接触する自由が奪われたとしても、「家族」だけは致しかたないと目されてはいなかっただろうか。このような家族の特別視・特権化こそ、本書で描いてきたコロナ禍の家族に生じた問題の最大の要因だと言えよう。第一回目の緊急事態宣言さなかの四月下旬、街で手をつなぎ顔を寄せ合っているカップルを見て、「一蓮托生」という言葉が浮かんだ。極端かもしれないが、当時公然と密になる行為は、「いっしょに死んでもいいよ」という意思表示を意味したのである。そんなふうに人前で手をつながなかったとしても、マスクなしで寝食をともにする家族は一蓮托生である。「三密回避・ロックダウンの対象外である家族は、感染しても仕方がない＝だって家族だから＝家族とは運命共同体なのだ」、ということが暗黙のうちに了解されていたのだ。

日本における軽症者の隔離は多くのホテルを借り切って行われたが、利用者の多くは、一蓮托生は忍びないと、同居家族に感染させないためにホテル療養を希望したと言われている。

DV相談件数と女性の自殺者数の増加

家族の特権化のリスクはコロナ感染だけではない。家族における暴力発生のリスクを高めることにもなった。二〇二〇年の四月末には、NHKでスイスやフランスなどでDVの相談件数や通報が激増していることが報道された。日本も同様で、二〇二二年の内閣府男女共同参画局の白書によれば、二〇二〇年度の全国の配偶者暴力相談支援センターおよび「DV相談プラス」に寄せられた件数は、過去最高の一九万件であり、前年度の一・六倍だった。

緊急事態宣言下でそれほど広くもない家に家族全員が顔を合わせて何日も過ごすことが

強いられたのである。それがもたらしたであろう影響に関しては、上記の白書の詳細な資料から見てとれるが、暗数としてDV通報件数にもつながらないケースも多かったのではないかと想像する。

すでに多くの識者によって指摘されているが、二〇二〇年度の自殺者数を見るとコロナ禍における（特に緊急事態宣言下において）さまざまな問題点が浮かび上がる。男性の自殺者数は前年度から減少しているのに、女性のそれは増加している。厚生労働省「自殺の統計」を見ると、中年無業者女性（いわゆる主婦層）と一〇代後半の女性（高校生を中心とする）の自殺者数増加が全体を押し上げている。

弱者化された主婦と女子高生

前者について詳しく見てみよう。家族全員が終日自宅に居るとなると、三食つくらなければならず、食器も洗わなければならない。食事をつくれば必ずゴミが出る。在宅しているとどうしてこんなにと思うくらい、プラゴミも生ゴミも溜まっていくことは多くの人が経験しただろう。もちろん埃も溜まり、掃除の必要性も出てくる。こういった家事や家族成員のケアなどの役割を、母であり妻である主婦層が全部担わなければならないとしたらどうだろう。アルバイトの契約は破棄され、友人とランチすることもできず、ひたすら家族の中で日々膨大に要請されるケア役割をひとりで担う。コロナ感染の恐怖も高まるいっぽうなのに、先の見通しも立たず、夫の協力も得られず、それどころか夫からは不安やイライラ、思い通りにならない怒りのはけ口にされたらどうだろう。DVという認識を持つこともできず、自分が負担を背負うしかないと思った女性たちが、ある日自殺という行動を選ぶ可能性は高いだろう。

後者については、「トー横」と称される歌舞伎町の一角に集まってくる女子高生をイメージするとよくわかる。彼女たちを家に帰そうと説得する警察官の姿が報道されたり、居場所を提供すると言いながら性加害行為を働いた男性が逮捕された事件が報じられたりして、耳目《じもく》を集めた。

彼女たちは、家族の元に戻りたくないのだ。それほど広くもない自宅で母親からグチを聞かされたり、父親や兄から殴られたりするからだ。殴られなくても性虐待を受けることもある。そんな一〇代の女性にとって、夜明けまで居られる場所は貴重なのだ。おまけに同じような女性がたくさんいるので、仲間を得ることもできる。

そんな未成年の女性たちにとって、外出が禁じられることは地獄のような家族に幽閉されることを意味する。緊急事態宣言は彼女たちにとってまさに自分が生きられる場所を奪われ、身体的精神的安全が軽視される家族に「収監」されることを意味したのである。こうして、家族において弱者化された女性（中年無業の主婦と未成年高校生）たちは、家族が特別視されることで外部への通路を閉ざされ、逃げることもできず、死に至ったのではないか。

そしてウィズコロナの時代に

本稿を書いている最中にエリザベス女王の逝去の報に触れ、それに伴う英王室のさまざまなセレモニーが実施された。原稿執筆の傍ら、ＢＢＣによって逐一生中継されたそれらの重厚な儀式を何度もYouTubeで見た。女王自身が生前綿密に自らの葬儀についてプランを練っていたことも報道された。

おそらく世界中の関心を集めただろう中継画面を見ながら思った。様式には必ず始まりがあった。始まりがあったからこそ儀式として定着した。そして、変化を拒むことができる王室があったから、スタイルを変えることなく国葬の儀式が実現されたのであると。

同じ状態をつづけよう、変わらないでいようとするのが慣性の法則なのだが、物体とは異なり、人間の社会ではつづけること、変化を拒むことには力が要る。伝統行事と呼ばれるものの多くが、それを維持できずに消えていった。京都の祇園祭を十数世紀にもわたってつづけられたのは、変わることを拒み、維持する力があったからだろう。継承できる力とは、財力を指す。

家族の場合、維持するのに必要な力とはなんだろう。内閣府の前述の調査によれば、もともと穏やかな家族関係だった人たちは、緊急事態宣言の時を経てもそれほど変化していないどころかますます円満になっているという(『日本子ども資料年鑑2022』母子愛育会愛育研究所編、KTC中央出版)。

良好な家族関係には、慣性の法則そのままに現状を維持するだけの力が備わっているということだ。先日会った三〇代のある男性は「一日中家にいると電車に乗って通勤するのがいやになります。在宅勤務は家事を手伝う時間が持てますし、子育てもいっしょにできますし、けっこう楽しいですよ」と語った。生活スタイルが思いがけなく変わっても、家族の安定性がおびやかされることはないのだ。

本書に登場した女性たちは一様に「コロナがなかったらこんなことは起きなかった」と語った。彼女たちは自殺にまで至らなかったが、このままでは夫婦を、親子をつづけられないと追い詰められた人たちだった。変化せず静止したままでは死んでしまう、生きていくためにはこのままでは無理だと思った人たちだった。それまでの家族に、慣性の法則に添って維持していくだけの力（家族関係の穏やかさ、円満さなど）がそもそもなかったのである。
コロナ禍の家族にあって、変わることを拒む慣性の法則を支えるだけの力のある家族と、そうでない家族との対比がはっきりした。これは非日常が日常化したような日々において、残酷な現実ではないかと思う。

（二〇二二年九月）

第12章 現実という名の太巻きをパクっとひと口で食べる

向田ドラマの男たち

先日、向田邦子脚本の『阿修羅のごとく』を見る機会があった。一九七九年にＮＨＫで放映されたテレビドラマだが、評判を呼び、翌年パート2まで作られた。パート1放映の二年後の一九八一年、向田は飛行機事故で亡くなる。その衝撃もあったのか、ＮＨＫでは何度も再放送された。それを見た三〇代の自分にとって強烈だったのは、ドラマの内容ではなく、テーマ音楽に使われたトルコの軍楽メフテルだった。あの旋律がしばらく頭の中で鳴りやまないほど魅せられたことを思い出し、四〇年経ってもう一度見たのである。

当時は気づかなかったが、向田邦子がなぜこれほどまでに人気があるのか、その秘密がわかった気がした。ドラマの内容を簡単に述べれば、四人の姉妹がそれぞれ男性との関係において苦労する話だ。未亡人（いまや死語だが）、独身で働く女性、専業主婦、男性と同棲中という四姉妹に加え、母親も若い女性と不倫の末婚外子までもうけた父のことで苦しんでいる。最初に見たとき内容の記憶がないのはあまり印象がよくなかったからだろう。

見ていてだんだん腹が立ってきた。とにかく登場する男性がすべて身勝手なのだ。一生懸命働いてきたことを免罪符として高齢になってから若い愛人を作り息子を生ませる夫、よき家庭人のふりをしながら不倫をし、愛人宅と間違えて自宅に電話する夫、未亡人宅に入りびたりになっているところを妻に突撃され右往左往する男性などなど。「男にふりまわされるのが女性の宿命」とでも言いたげな情景である。

女性たちは、男性に裏切られながら耐えつづけ、その怒りを押し殺しながら生きている。それはかつての吉永小百合が演じてきたような「健気《けなげ》」な姿ではなく、苦労が肯定的に描かれているわけでもない。ちゃんと理不尽さが描かれている。初冬の縁側で白菜を大きな樽に漬けながらなごやかに会話する母娘の姿も、その直後に母親が父の不倫相手の住むアパート近くで倒れて意識不明になる序章として描かれるのだから。

さて、ここで考えてみよう。男の身勝手さに翻弄されて生きるしかない怒り、経済力がないために耐えるしかない哀しみを、果たして向田は描こうとしたのだろうか。

彼女のファンには男性も少なくない。彼らがなぜ向田を支持するのか。今回の再放送も、ネット上では多くの男性たちが「普遍的家族のありかた」を称揚する視点から絶賛している。彼らは、「ああ、女性たちが置かれている状況は理不尽だよね、それを僕はよくわかっているよ。それでもそこに留まり、怒りや苦しみを抱えながら阿修羅のように家族を生きる女性たちが僕は好きなんだ」、と言いたいのではないか。

「届かなさ」が人気の秘密

物わかりのよさを自認する男性なら言いそうなことだ。彼らは野卑な家父長制からは距離を取ったつもりだ。しかし佐分利信が演じる父の姿に、多くの男性は我が身を投影するのではないか。一生懸命働いてきた父が初めて自分らしさ（！）を貫いたのが、若い愛人との恋愛で婚外子までもうけることだった。妻は夫を責めることなく亡くなり、最後はその父を四人の娘全員が許容してしまうところに、理想的な姿を見るはずだ。恐ろしいのは「それが家族だ」と、諦念とともに肯定されてしまうことだ。

向田邦子が一部の男性たちに今でも支持されるのは、複雑な回路を経ながらも、最終的には父・夫が肯定されるドラマツルギーのせいではないか。

ドラマの主役は女性たちである。どこか希望がないようにも見える彼女たちの世界が、なぜ父や夫の肯定につながってしまうのか。

真面目に働いている男の大変さや悪意のなさが、男のつらさや哀しさとして共感的に描かれ、場合によっては「人間としての哀しみ」といった普遍性をまとって登場する。そこに「加害」「暴力」といった視点の入る余地はない。言い換えれば、彼らに責任はないのだ。暴力・加害という定義は、相手に責任があることを意味するが、男性たちはそれを引き受ける主体としては描かれない。

最終的に男性を許し、広い心で受け入れるしかない、でもそんなことできない、と葛藤する女性の姿がいかにリアルに描かれたとしても、それは男性たちには決して届かない。自分たちの「加害」「暴力性」をつきつけられているわけではなく、免責されたままだからだ。

男性＝人間であり、父や夫を許すことが寛大さという価値につながるという回路が女性にだけ求められ、男性は家族成員をケアし守る責任を問われないことは、非対称性や不平等さを意味しないだろうか。

現在も、一部の男性にとって向田作品はグルーミング効果をもたらすだろう。おびやかされることなく、許される世界がそこにあるからだ。

向田作品を今日《こんにち》見た女性たちはどのように反応するだろう。聞いてみたいものだ。

シンポシカン

一九八〇年代初頭、このドラマを見た当時の私は、育児に忙殺されていた。フェミニズムの本も読んでいたが、「今」があまりに大変で、先のことなど想像もできなかった。それでも、大学で哲学を学び、学生運動の渦の中にいた経験は、後述するように私の中で大きな位置を占めていた。カウンセラーとしての未来は見えなかったが、今自分が置かれた不平等な現実（育児・家事の性別役割分業）への怒りと、過去の経験の重みだけが私を駆動していた。歴史と社会の動きに対して、絶えずアンテナだけは研ぎ澄ましていたと思う。

当時の私には、歴史の進歩への希望があった。正確に言えば「進歩するはずだ」という期待があった。それは今でも私の中にあって、考え方の基本になっている。六〇年代末からの学生運動の影響は、それほど深いものがある。それを残滓などと呼びたくはない。

当時はマルキシズム（マルクス主義）が全盛であり、今よりはるかにエリートであった大学生は、マルクスやレーニンの著作をカバンの中に入れるのが作法だった。そこを貫いていたのが、「進歩史観」である。資本の運動を知ることは下部構造を知ることであり、労働者たちにとって必須の知識である。革命は必然であり、歴史は労働者の解放へと進んでいく……それは希望に満ちた考えだった。人が人を支配しないで生きられる社会を目指す。それが革命であり、そのために闘うのだという機運が、先進国の大学生に共通して高まった。

その後、連合赤軍の集団リンチ事件などが起こり、あのみずみずしい理想や希望は「過激派」とひとくくりにされてしまったが、私の中では今でもそれは生きている。

歴史は、どんな過酷なことが起きようと進歩している、私を支えている考え方のひとつが、この進歩史観（シンポシカン）なのだ。

あまり学生時代のことを口にしないようにしてきたのは、いくつかの理由がある。そのひとつが団塊世代としてくくられることへの抵抗だ。でも当時を知る人もだんだん減り、シンポシカンと言っても「へえ？」と言われてしまうとしたら、もういちどシンポシカンを強調しておきたい

女性をめぐる状況について、私はシンポシカンを信じてきた。第二波フェミニズムから現在に至るまで、女性と定義された存在をめぐる言説や社会的な動きは、目まぐるしく変化しているが、多くの女性たちのムーブメントや著作によって、確実に進歩（シンポ）し

てきたと思う。何よりDVや性暴力といった言葉によって、しつけや愛情行為と言われて省みられることの乏しかった男性の行動を「加害」と定義できるようになったことを挙げたい。

熱海にある『金色夜叉』の貫一・お宮の銅像は、かつては記念撮影の背景として有名だった。今では、高下駄でお宮を蹴る貫一の姿を見て、女子中高生は「デートDVじゃん！」と笑う。このように、かつては人権もないと思われた人たちにも、ちゃんと人権があると認められるようになること。これを私は歴史の進歩だと思う。夫に殴られても「私が悪い」「殴らせるお前が悪い」というロジックで温存されてきた行為が、DVと定義されるようになったことの意味は、強調しすぎることはない。

盤石な地層のような現実

いっぽうで、カウンセリングをとおして突き付けられるのはシンポシカンでは説明できないような家族の現実である。過去の産物のような、「今どき？」と言うしかない現実の中で、生きている女性たちは相変わらず多い。

直線的に、川が流れるように歴史は進歩していると考えたいのだが、明治、大正、昭和、平成、令和と元号が移り変わったことなどどこ吹く風といった現実を突き付けられる。

何人かの女性のことを思い出す。一九九〇年代の初め頃、ひとりの女性が、夫のアルコール問題でカウンセリングに訪れた。四〇代の彼女は、秋も深いというのにいつもペラペラのワンピースを着ていた。痩せた身体に布地がへばりついていて、疲れきった還暦くらいの女性に見えた。酔った夫の暴力と息子の不登校の問題を抱えていた彼女は、ターミナル駅近くの戸建ての家を、午後の二時ごろこっそり抜け出るようにカウンセリングにやってきた。舅・姑が監視していて自由に動けないからだ。家には道路拡幅のたびにお金が入るだけでなく、家族はビルや駐車場をいくつも保有していたが、彼女の自由になるお金はわずかだった。まるで江戸時代かと錯覚するような話だった。

地方都市の旧家の嫁である女性は、婚家の因習と夫の浮気に困り果てて月一回だけ飛行機でカウンセリングに訪れた。長男である夫は姑の言いなりで彼女のことを無視していた。盆や暮れには、義理の姉たちが一家そろって実家に戻ってくるので、食事から布団の上げ下ろしに忙殺されるという。

九州の大都市に住むある女性は、長男の嫁というステータスが同窓会では上位であり、自慢できるのだと語った。

息子の引きこもりで来談した別の女性は、家柄が釣り合わない結婚は不幸の源だと語った。

彼女たちの話を聞くたびに、本当に今は二一世紀なのだろうかと思うのだ。いっぽうで、SDGsの掛け声は巷のピンバッジの氾濫に表れている。あの光るバッジを得意げに背広に付けた男性の中のどれだけの人が、理念を理解しているのだろう。夫や父に苦しめられたり、旧弊な家族観を内面化していたりする女性たちと長年接してきた私は、思いこみかもしれないが、時代の先端を行くかに見える男性が駅の通路ですれ違いざまに女性にぶつかってきたりする姿や、電車内で女子高生の身体に触る光景がふっと目に浮かんでしまうのだ。カウンセラーという職業は、シンポシカンでは説明できないこのような現実と向き合っていかなければならない、つくづくそう思う。

先端とは何か

そしていま、交差性（インターセクショナリティ）という言葉が広がりつつある。第二波フェミニズムが、主に白人と高学歴女性を中心とした女性によって担われたのに対して、インターセクショナリティとは、男性と女性という二分法だけでなく、そこに人種差別、さらにLGBTQといった性的マイノリティへの差別などが「交差」しているとする考え方だ。

トランスジェンダーに対する差別の問題は、ネット上でもしばしば論争が繰り広げられており、フェミニズムの界隈でも議論が交わされている。

性別役割分業から、ジェンダー平等へ、さらに男女というジェンダー二分法の見直しへと変化し、セクシュアルマイノリティ（セクマイ）という言葉から、トランスジェンダー、ノンバイナリー、エックスジェンダー、アセクシャルといった、旧来の性（別）認識の再考につながる主張も、いくつかの国では盛んになっている。生物学的性別と性自認の問題について、ここで詳述するのは私の守備範囲を超えていると思う。できれば、いくつかの関連書を読んでいただきたい。

当事者たちがSNSや言論空間で活発に声をあげているこの状況は現代的な光景だ。それによって人々の認識が少しずつ変わってきていることも実感する。その一方で、しぶといまでに変わらないものがある。ファッションがどれほど斬新だろうと、言葉づかい（ボキャブラリー）が今風だろうと、その人の家族の話を聞くと、「今は昭和か?!」と驚かされることがある。喜寿を目前にした私のほうが、ひょっとして令和の子ではないかと思ったりするほどだ。

そこには、もちろん政策も絡んでいる。二〇二二年、安倍元首相が殺害されたことをきっかけに、旧統一教会が、自民党右派、日本会議と協力して、これまでもさまざまな形で日本の家族政策に関与してきたことが再確認された。ふり返ってみれば、二〇〇〇年代初頭のジェンダーフリーバッシングもその表れであった。都の性教育現場への介入、ジェンダーに関する講演会の中止問題などである。「家族の美風の復活」「家族の伝統を守る」といった伝統的家族観の強調と、夫婦別姓反対、「過激な」性教育反対は連動していたのである。

これは学校教育にも影響した。取材でお会いする二〇代～三〇代の女性ライターが、小学校で親孝行の大切さについて学んだと言うので驚いた。彼女たちは、親のめんどうは自分が見る、母親を支えるのは当たり前の親孝行だという考えを拭い去ることはできないと言う。私たちが昭和二〇年代から三〇年代にかけて「民主主義教育」として学んだことは、戦前までの家父長的親子観や親孝行といった徳目を抜け出すことを目的としていた。それらは第二次世界大戦を引き起こした軍国主義を支える考え方だとして否定されたのだ。

ところが今の二〇代から三〇代の人たちに再び親孝行が奨励されているとしたら、シンポシカンどころか、それは歴史の逆行ではないだろうか。

この長期にわたるパンデミックの影響は想像もつかない。その影響がどのように総括されるのか、現時点ではそれもわからない。

しかしとりあえず現在、私が考えることは本書で何回も述べてきたことに尽きる。それは、コロナ禍は、家族の中でこれまで不可視だったものを明るみにしたのではないかということだ。

中年の主婦層と女子高生の自殺数増加、ＤＶ被害相談の増加といった現実から、家族における弱者である女性たちに大きな負担がかかっていることがわかったのもそのひとつである。

家族とは、多様な家族観をすべて見通せる場である。昭和一桁の家父長的な曽祖父、団塊世代のシンポシカンの祖父、といったように、さまざまな人々、さまざまな家族観が世代をつらねてつまっている。カウンセリングでお会いする女性たちは、江戸時代から明治、大正、昭和、平成、令和の現実を、今ここで生きているのだ。それは地層のように積み重なっているというより、同じ平面状に絵巻物として存在している。

親と子、夫と妻、それぞれが同じ価値観であるはずがないのに、異なる価値観を許さない家族もある。むしろそのような家族のほうが多いのかもしれない。京都の旧家のように、応仁の乱の時代からつづくしきたりを守っている例もある。古色蒼然とした昭和の価値観、高度経済成長期の価値観の強制によって、ＤＶも引きこもりもないものとされ、不登校という言葉すら認めない家族は今でも多い。それは歴史の否定ではないだろうか。

歴史とは価値の変遷も含んだ物語である。家族は変わってきたし、これからも変わる。それは、異なる価値を体現する存在が共存できることを意味している。絵巻物のような、パッチワークのような現実を認めなければ、家族を、日本社会を、とらえきれないのではないか。

私の中にあるシンポシカンのイメージも、その幅をもっと広げる必要があるだろう。一直線に歴史が進歩するといったイメージだけでは、複雑に織りなす現実はとらえきれないからだ。

二〇一七年にアメリカで広がった#MeTooという言葉は、五年経った今、日本でも定着したかに見える。しかし、性暴力なんてどこ吹く風という現実や、ハラスメントなど知らないという男性や女性もいるだろう。二〇二二年、女性がヒジャブで顔を覆わなければならないイスラム教国のカタールで、サッカーのワールドカップが開催された。同性婚が認められた国と、同性愛厳罰の国の人々がともにサッカー場で歓声を送ったのだ。親孝行の重圧に苦しむ娘たちは、高齢施設入居の母と面会不可能になってコロナ禍に内心感謝してしている。インターネットによる情報伝達の進展は、眩暈がするほど多様な現実が同時に存在していることを日々私たちに突き付けている。

まさに絵巻物のような、富良野のお花畑のような、パッチワークのような現実だ。シンポシカンはそれらを全部包まなければならない。ドローンの高度を上げれば、地上の花々も、まるで絨毯のように見えるかもしれない。かつてのシンポシカンの幅を広げ、視点の高度を上げることで、複雑な現実をとらえられるようになりたい。

鮨の名店で最後に出てくる太巻きをイメージしてほしい。シンポシカンという名の極上の海苔を一枚用意しよう。巻き簾の上に、黒光りする海苔を広げる。その上に、まとまりにくくはみ出しそうな現実を山ほど載せて、端からぐるっと巻いていく。慎重に、中身がこぼれないように巻けば、見事な太巻きの完成だ。よく研いだ包丁でそれを一気に切る。具材が多様であればあるほど、断面は彩り豊かで、美しい。それを、ひと口で頬張る。

カウンセラーとはそんな仕事のような気がする。少なくとも私は、複雑で得も言われぬ味の巨大な太巻きを、パクっと食べられるような健啖家でいたい。

国家や宗教、家族をめぐる常識に押しつぶされそうな人がどれだけ多いことか。美しい形容詞や正しい理念、そして愛情という言葉で隠蔽されてきたその人たちの存在を、コロナ禍があかるみにした。カウンセラーである私に、まだ残された役割があるとすれば、その人たちが生きていくためになんらかの力になることだと思う。中身の詰まった太巻きにかじりつけるうちは、まだまだ大丈夫かもしれない。

これからも厳しい現実が続くことに変わりはないだろう。でも押しつぶされそうになったら、太巻きをイメージしてもらいたい。苦手な具材も全部ひっくるめて、ひと口で頬張る。そしてがむしゃらに咀嚼し、とにかく呑み込むことだ。それらはめぐりめぐって私たちの身体の養分になるだろう。

（二〇二二年一二月）

あとがき ――忘れないために、そして未来のために

　このところ久しぶりに開かれる会合が増えている。

　二〇一九年の梅雨入り前に会ったきりの人たちと久々に円卓を囲んで中華料理を食べた。会った瞬間、四年の歳月がもたらした確実な加齢の痕跡を認めながらも、「あらぁ、全然変わりないですね……」と全員が決まって言い合う。まるで何かのイニシエーションのようだ。そして、堰を切ったように会話は進み、気が付けばこの四年間という歳月は何事もなかったのだと思えてくる。そうか、ワクチンとか感染者数とか、三密回避とか、言われてみればそんな言葉がニュースを賑わす日々があったかもしれないが、どうでもよかったのだ。あんなことなかったかもしれない、そう、なかったことなのだ、と。この何とも言えない共謀意識は、とても懐かしいものがある。

　東日本大震災のあと、首都圏は計画停電になった。だが、いつの間にか明るい街が戻り、

そんなこともあったかもしれない、と記憶は曖昧になっていく。これまで繰り返し言われたように、日本人は長いものに巻かれて、自分の得になるほうについていくだけだとすれば、不都合な記憶はどこかにしまわれることになるだろう。

コロナ禍で緊急事態宣言が何度も発出されるなか、都市部以外では人の出入りが厳しく監視されたという話を聞いた。東北地方のある町では、東京ナンバーの車が止まっていると、「すぐに帰れ」と書かれた紙が貼られたという。自警団や監視団が厳しく都会からの往来を禁じていたのだ。当時、東京の感染者数は群を抜いて多いかのように思えたのだろう、感染者数が低く抑えられていた自治体では、東京から車で帰省した人をそうやって告発したのである。

コロナが5類に変更された二〇二三年の五月には、「実家に行くのはもう三年半ぶりです」と言って新幹線に乗り込む人のインタビューがテレビのニュースで流されていた。その歳月の長さは、近所の人たちから「あの家はこっそり東京から子どもが遊びに来ている」と噂されることの恐怖がいかに大きかったかを物語っているだろう。

そんな監視の目の厳しさは、冒頭で述べた「何事もなかったよね」と暗黙の裡に確認し合うその場の共謀意識とどこかでつながっている気がする。

今でも高齢者の施設や病院では、家族の面会が制限されているというのに、この三年間で私たちは「非日常感覚」を使い切ってしまったかのようだ。こんなことが起きるなんて、この事態にどう対処すればいいのか、と問われることに疲れ切ってしまったのかもしれない。WHOがパンデミック宣言した二〇二〇年の三月から日本政府が緊急事態宣言を発出した五月にかけて、あの正体不明のウイルスの蔓延がもたらした不安と恐怖は、たしかに「この私」という個人が問われることを意味した。おそらく大なり小なり、日本に生きる人たちは、ひとしく自己選択の重圧にさらされたと思う。強権によって自由が制限されることで初めて自己意識が成立するように、国家による自粛「要請」のなかで、あなたはどうするのか？　という問いがつきつけられた。

国内で初めて感染者が確認されてから、不気味な感覚と恐怖、さらには情報不足に対する苛立ちが広がっていった。この状況は日本だけではなく、欧米、アジアの国々でも同じだった。

私自身を振り返っても、あの当時覚えた不安、動揺はこれまで経験したことのないものだった。敗戦の翌年に生を享《う》けた私だが、あれは一種の戦争体験に近かったのではないかと想像を巡らせた。

連想したのは、ロシアではウォッカで泥酔した人が凍死するという逸話だった。意識はあるのに足腰が立たなくなる。それはロシアの冬においては死を意味するのである。緊急事態宣言が発出された前後、頭は明晰なのだが立ち上がろうとしてもぐんにゃりと座り込んでしまう、そんな足腰が立たなくなるかのような日々だった。

それだけではない。救世主が現れてほしい、日本のどこかから彗星のように現れて、ウイルスに関する不安を払しょくし、来るべき未来への方向性を示してほしい、そんな願望が自分の中に高まるのだった。全体主義がどのように誕生し、どのようにはびこっていくのかがわかる気がした。

そんな中で、いち早くネット上で発信された斎藤環の論考（『コロナ・アンビバレンスの憂鬱』所収、晶文社、二〇二一）はひとつの指針を与えてくれた。斎藤は歴史上もっとも奇妙な健忘状態を呼び起こしたものとして「スペイン風邪」を挙げる。スペイン風邪は、一般的に一九一八年から一九二〇年にかけ全世界的に大流行したH1N1亜型インフルエンザの通称である。初期にスペインから感染拡大の情報がもたらされたため、この名で呼ばれている。画家のエゴン・シーレも犠牲者の一人で、ウィーンでスペイン風邪に感染しわずか三日で亡くなったことはよく知られている。このパンデミックによって推計で一億人が死亡したと言われている。にもかかわらず、そのことについて記された書物は恐ろしく少ない。A・W・クロスビーは『史上最悪のインフルエンザ』（西村秀一訳、みすず書房、二〇〇九）の中でその理由をいくつか挙げている。第一次世界大戦末期と重なっていたこと、また罹患後の経過がドラマチックではないこと（闘病の苦悩、死をめぐる苦痛や葛藤、目立つ瘢痕がない）、若者の死が多く、社会的地位のある人の多くは罹患しなかったこと、などである（斎藤はそれに対して異論を述べているが）。

推計四五万人の死者を出した日本でも当時の記録は非常に少ない。斎藤は今回のコロナ禍も、スペイン風邪同様に健忘されていくのではないかと述べている。そこからトラウマ記憶の特徴と宮地尚子の『環状島＝トラウマの地政学』（みすず書房、二〇〇七）に触れて、パンデミックは「外傷の中心を局所化するようなモメントが存在しないのだ。そこには『グラウンド・ゼロ』がない」と指摘し、トラウマの記憶を成立させる「環状島」がないことが忘却・健忘につながるのではないかという仮説を提示している。

たしかに多くの人たちが一億総監視団のようになったり、反ワクチン派との対立がネット上で燃え盛ったりといった狂奔に近いできごとが、二〇二三年にはふっと消えてしまったかのように思える。だが、忘れようにも忘れられない状況もある。私が、家族を生きる女性たちについて書いたのは、別の視座からコロナ禍について書いてみたかったからだ。「終わらない非日常」を生きる彼女たちの位置取り（ポジショナリティ）を明るみにすること。いま振り返ってみると、それが本書の目的のひとつだったように思う。

三密回避、外出の自粛によって、家族において相対的に弱い立場にある女性（妻や娘）

の負担が増した。コロナ禍が彼女たちに大きな負担を与えるだろうという予測を、この本を書き始めた時点から私が持っていたわけではない。またそのような結論ありきで現実をとらえようとしたわけでもない。ただ、女性たちの言葉をとおして、想像もしなかった現実が姿をあらわしたというほかない。

ひたすら、対面で、のちに電話やオンラインで語られる言葉を聞いてきただけである。「コロナ禍がなければこんなことは起きなかった」「やっぱりコロナ禍が影響したと思います」と述べたのは、彼女たちだったのである。

長いカウンセリング経験を振り返ってみても、見えなかった現実が見えてくるとき、そこには当事者の声があった。中でも女性たちの言葉から私は多くの示唆を得てきた。コロナ禍の影響を突き付けヒントを与えてくれたのは、クライエント（当事者）のほうであったことを伝えたい。

パンデミックは、日常生活における陰影を濃くした。

大地が長い時間をかけて山と谷を生みだし、地球が現在の姿になったように、コロナ禍によってそれまで培ってきた家族の関係性が圧縮され、濃縮されたのである。なんとなく見過ごしたり、見て見ぬふりをしたり、なかったことにしてきたものが、退路を塞がれることではっきりと見えてきた。息抜きをすることでやり過ごしてきたことが限界にきて窒息しそうになった。かすかなひび割れが大きな断裂になった。
それは、私の当初の予測をはるかに超える、明らかなパンデミックの影響であり爪痕なのである。

本書に登場する女性たちの姿をとおして、パンデミックという厄災がもたらした、目を凝らさなければ見えてこなかったもの、ないものとされてきた現実を描きたかった。忘却へと誘う時間の流れに抗う楔《くさび》として、この本を書き残しておく必要があったと私は思っている。

本書の中でも少し触れたが、大きな困難や厄災の被害は、それが過ぎ去ったあとで表面化する。二一世紀になって急速に発展を遂げたトラウマ研究、トラウマ治療によってそのことがわかってきた。

では三年間の長きにわたるコロナ禍という厄災の被害はどのようにして表面化するのだろう。すでに先進国を中心とした経済的危機の数々は被害の表れのひとつかもしれない。また多くの研究者たちが、現在進行形でさまざまな研究プロジェクトに携わっており、その成果が発表されるのはもっと先のことになるかもしれない。その点において、一〇〇年前のパンデミックで経験したような健忘は防げると信じたい。

本書は、二〇二〇年から二〇二二年末までのウェブ連載をもとにしている。まさにコロナ禍の拡大とともに書き進めた連載だった。二〇二二年にはロシアによるウクライナ侵攻も起きた。私の抱える不安や先の見えなさは、多くのクライエント（多くは女性たち）とお会いすることで、救われたり、方向性を見出したりすることができた。カウンセラーである私が、彼女たちから力をもらうことはしばしばだった。

本書に登場する女性たちを描くにあたってヒントを与えてくださった多くのクライエントの皆様に、こころより感謝を述べたい。困難な日々をせいいっぱい生きようとされるその姿勢からどれほどのことを学び、エネルギーをいただいたかは言い尽くせないほどだ。ありがとうございました。

また編集者である篠田里香さんには、ウェブ連載開始から本書刊行までずっとお世話になった。感染者数の増減ばかりが話題になる日常において、連載を執筆することは私にとっての定点となった。いつも立ち戻る地点があることの幸いを感じた。

ほんとうにありがとうございました。

二〇二三年、例年より早い梅雨入りが告げられた夜に

信田さよ子

主要参考資料一覧

・菊池美名子「あなたが知るべきことと、わたしが書かないこと――薬物研究の認識論《エピステモロジー》」『現代思想』二〇二二年五月号（特集：インターセクショナリティ）青土社
・キャロル・ギリガン／川本隆史・山辺恵理子・米典子訳『もうひとつの声で――心理学の理論とケアの倫理』風行社、二〇二二
・斎藤環『コロナ・アンビバレンスの憂鬱――健やかにひきこもるために』晶文社、二〇二一
・斎藤環著・訳『オープンダイアローグとは何か』医学書院、二〇一五
・澁谷智子『ヤングケアラー――介護を担う子ども・若者の現実』中公新書、二〇一八
・澁谷知美・清田隆之編『どうして男はそうなんだろうか会議――いろいろ語り合って見えてきた「これからの男」のこと』筑摩書房、二〇二二
・竹島正、森茂起、中村江里編『戦争と文化的トラウマ――日本における第二次世界大戦の長期的影響』日本評論社、二〇二三
・土屋明美編著『日常生活を心理劇の舞台に――人間関係の援助』ななみ書房、二〇二二
・土屋葉「『私たちのケアは、あなた一人が背負うのは重すぎる』――ケアを必要とする親と子どもが、それぞれ生きていくことについて『現代思想』二〇二二年一一月号（特集：ヤングケアラー）青土社

・西井開『「非モテ」からはじめる男性学』集英社新書、二〇二一
・野坂祐子『トラウマインフォームドケア――〝問題行動〟を捉えなおす援助の視点』日本評論社、二〇一九
・春原由紀編著『子ども虐待としてのＤＶ――母親と子どもへの心理臨床的援助のために』星和書店、二〇一一
・平山亮「男の介護を通して見る『ケアとは何か』」二宮周平・風間孝編著『家族の変容と法制度の再構築――ジェンダー／セクシュアリティ／子どもの視点から』法律文化社、二〇二二、五九〜七六頁
・本田美和子、イヴ・ジネスト、ロゼット・マレスコッティ『ユマニチュード入門』医学書院、二〇一四
・宮地尚子『トラウマ』岩波新書、二〇一三
・男女共同参画白書　令和三年版
(https://www.gender.go.jp/public/kyodosankaku/2021/202107/202107_03.html)

信田さよ子（のぶた・さよこ）

公認心理師、臨床心理士、原宿カウンセリングセンター顧問、公益社団法人日本公認心理師協会会長。1946年生まれ。お茶の水女子大学大学院修士課程修了。駒木野病院勤務、嗜癖問題臨床研究所付属原宿相談室室長を経て、1995年原宿カウンセリングセンターを設立。アルコール依存症、摂食障害、ひきこもりに悩む人やその家族、ドメスティック・バイオレンス、児童虐待、性暴力、各種ハラスメントの加害者・被害者へのカウンセリングを行ってきた。著書に、『母が重くてたまらない』『さよなら、お母さん』『家族のゆくえは金しだい』『〈性〉なる家族』（いずれも春秋社）、『カウンセラーは何を見ているか』（医学書院）、『アダルト・チルドレン』（学芸みらい社）、『家族と国家は共謀する』（角川新書）、『タフラブ　絆を手放す生き方』（d ZERO）、『共依存』（朝日文庫）などがある。

IKINOBIRU
BOOKS

家族《かぞく》と厄災《やくさい》

2023年10月 1 日　初版第１刷発行
2023年10月23日　初版第３刷発行

著者　信田《のぶた》さよ子《こ》

発行者　佐々木一成

発行所　生きのびるブックス株式会社
〒150-0021
東京都渋谷区恵比寿西1-33-15
EN代官山1001　モッシュブックス内
電話　03-5784-5791
FAX　03-5784-5793
https://www.ikinobirubooks.co.jp

ブックデザイン　松本孝一

印刷・製本　萩原印刷株式会社

ISBN978-4-910790-11-4　C0095

生きのびるブックスの本

人生相談を哲学する

森岡正博

哲学者が右往左往しつつ思索する前代未聞の人生相談。その場しのぎの〈処方箋〉から全力で遠ざかることで見えてきた真実とは。哲学カフェ、学校授業で取上げられた話題連載を書籍化。「『生きる意味とはなにか？』というもっとも深い哲学的問題に誘われる」（吉川浩満氏）　1,800円＋税

10年目の手記　震災体験を書く、よむ、編みなおす

瀬尾夏美／高森順子／佐藤李青／中村大地／13人の手記執筆者

東日本大震災から10年。言葉にしてこなかった「震災」のエピソードを教えてください——。そんな問いかけから本書は生まれた。暮らす土地も体験も様々な人々の手記と向き合い、語られなかった言葉を想像した日々の記録。他者の声に耳をすます実践がここにある。　1,900円＋税

無垢の歌　大江健三郎と子供たちの物語

野崎歓

大江健三郎の描く子供たちはなぜ、ひときわ鮮烈な印象を残すのか。〈無垢〉への比類なき想像力にせまる、まったく新しい大江論にして、最良の“入門書”。これから大江文学と出会う世代へ。読まず嫌いのまま大人になった人へ。大江文学の意外な面白さに触れる一冊。　2,000円＋税

LISTEN.

山口智子

俳優・山口智子のライフワークである、未来へ伝えたい「地球の音楽」を映像ライブラリーに収めるプロジェクト“LISTEN.”。10年にわたって26か国を巡り、250曲を越す曲を収録してきたその旅の記憶を綴る、音と世界を感じる一冊。オールカラー、図版多数。 4,000円＋税

植物考

藤原辰史

はたして人間は植物より高等なのか？　植物のふるまいに目をとめ、歴史、文学、哲学、芸術を横断しながら人間観を一新する思考の探検。今最も注目される歴史学者の新機軸。「哲学的な態度で植物をみなおす書物を書いてくれて、拍手喝采」（いとうせいこう氏） 2,000円＋税

死ぬまで生きる日記

土門蘭

「楽しい」や「嬉しい」、「おもしろい」といった感情はちゃんと味わえる。それなのに、「死にたい」と思うのはなぜだろう？　カウンセラーや周囲との対話を通して、ままならない自己を掘り進めた記録。生きづらさを抱えるすべての人に贈るエッセイ。 1,900円＋税